CENTRE POMPIDOU

JEAN-JACQUES AILLAGON *président*_GUILLAUME CERUTTI *directeur général*_MARTINE BLANC-MONTMAYEUR *directeur de la Bibliothèque publique d'information*

Cet ouvrage a été publié à l'occasion de la manifestation « Médias et représentations du monde : figures de l'événement », organisée au Centre Pompidou par la Bibliothèque publique d'information du 2 octobre au 2 décembre 2000 (ateliers de recherches ; cycle de projections ; colloque 30 novembre, 1er et 2 décembre).

BERNARD HUCHET, EMMANUÈLE PAYEN, ANNE-SOPHIE CHAZAUD *organisation*_CAMILLE BERTA, ANNIE RAMEAU, NATHALIE GEFFROY, VALÉRIE QUINTARD, SOLENN LANGLOIS *recherches documentaires*_PHILIPPE POISSONNET *régie*

PUBLICATION

EMMANUÈLE PAYEN et BERNARD HUCHET *conception et direction*_ANNE-SOPHIE CHAZAUD *coordination et recherches documentaires*_NICOLE TOUTCHEFF *chargée d'édition*_MATHILDE PANET *bibliographie*_FANNY GEORGES ET SOLENN LANGLOIS *recherches iconographiques*_VALÉRIE QUINTARD *recherches documentaires*_DANIEL PERRIER *direction artistique*_CLAIRE MINEUR *mise en page et couverture*_BERNADETTE BOREL-LORIE *fabrication*_MARTIN BETHENOD *directeur des éditions du Centre Pompidou*_PHILIPPE BIDAINE *directeur-adjoint*_FRANÇOISE MARQUET *responsable du service éditorial*_MATTHIAS BATTESTINI *gestion des contrats*_NICOLE PARMENTIER *administration des éditions*_DANIÈLE ALERS *assistée d'*ÉVELYNE PORET *presse* _ARIELLE ROUSSELLE *responsable du service édition/diffusion de la Bpi assistée de* NATHALIE NOSNY *et de* FABIENNE CHARRAIRE_DOMINIQUE ROUILLARD *gestion des contrats*

REMERCIEMENTS

AGENCE VU_CENTRE JEANNE D'ARC D'ORLÉANS_INSTITUT NATIONAL DE L'AUDIOVISUEL *(en particulier,* SYLVIE RICHARD, CHRISTINE BARBIER-BOUVET, *et les documentalistes de l'INA)*_MUSÉE DES TÉLÉCOMMUNICATIONS DE PLEUMEUR-BODOU_*ainsi que tous ceux qui ont contribué, par leurs recherches et leur soutien, à l'élaboration de cet ouvrage.*

 *Avec le concours de l'INA*

FIGURESDEL'ÉVÉNEMENT

MÉDIASETREPRÉSENTATIONS DUMONDE

Sousladirectionde
BERNARDHUCHET&EMMANUÈLEPAYEN

SOCIÉTÉ
QUINZE✕VINGT&UN

Bibliothèque
publique d'information
Centre
Pompidou

Sommaire

1. MÉDIAS ET RÉCEPTIONS

2. PRATIQUES PROFESSIONNELLES

3. PRISMES

Par l'étendue de ses missions, l'ampleur et la jeunesse de son public, la Bibliothèque publique d'information occupe une place privilégiée au sein du Centre national d'art et de culture Georges Pompidou dont la vocation ne se limite pas à promouvoir la création artistique du xxe siècle, quelles qu'en soient les richesses et la diversité, mais embrasse tout entier le champ de la culture contemporaine, au sens très large et quasi anthropologique de ce terme.

Au cours de la période des travaux de réaménagement du bâtiment du Centre, la Bibliothèque publique d'information a largement démontré sa capacité à innover, à évoluer et à se renouveler, tout en préservant l'essentiel, le cœur même de sa mission : un accès libre et généreux au savoir, dans tous les domaines et au travers de tous les médias – du livre aux supports électroniques, en passant par le film, le disque, la presse…

Dans une période doublement charnière – passage symbolique de l'an 2000 et réouverture au début de cette année de l'établissement rénové, tant dans ses espaces que dans ses activités –, c'est précisément sur la notion de médias que la bibliothèque a souhaité se pencher. Pour traiter la question de leur évolution et celle de leur influence sur la diffusion du savoir et sur ce savoir même, elle a conçu un ambitieux programme : ateliers, cycle de films, colloque…, autant d'initiatives qu'inaugure et accompagne la publication du présent volume.

Celui-ci rassemble les contributions de nombreux chercheurs, universitaires, théoriciens ou praticiens des médias, que je tiens à remercier, et constitue le premier volume d'une nouvelle collection d'ouvrages publiés en coédition entre le Centre Pompidou et la Bibliothèque publique d'information.

Je me réjouis de cette nouvelle collaboration, et forme, pour cette publication et celles – j'espère nombreuses – qui la suivront des vœux de succès très chaleureux.

JEAN-JACQUES AILLAGON
Président du Centre national d'art et de culture Georges Pompidou

Au sein d'une grande bibliothèque ouverte au public le plus large, l'actualité sous toutes ses formes est présente : dans la documentation offerte bien sûr, mais plus encore dans les différentes manières dont les publics se l'approprient, en relation intime avec leurs préoccupations personnelles, leur place dans la société, l'instant de leur parcours. Aussi est-il dans l'essence même de notre travail d'avoir une réflexion critique née de cette place particulière de médiateur, qui est celle du bibliothécaire au carrefour de la circulation du monde et des trajets individuels.

La publication de cet ouvrage, à plusieurs titres, était donc nécessaire au seuil du XXIe siècle : à notre conscience de vivre un instant symbolique de l'histoire du monde correspond un instinct de bilan, une envie de « faire le point » sur l'univers qui nous entoure. Et ne sommes-nous pas dans notre rôle, à nous détourner un instant de la lune pour examiner de quelle chair est constitué le doigt qui la montre ?

Je suis particulièrement heureuse de voir aboutir sous cette forme un long travail de recherche et de réflexion que nous avons entrepris depuis deux ans, et qui se fixait pour objectif d'ouvrir dans l'océan de l'information quotidienne quelques voies navigables. Avec l'aide éclairée de chercheurs de diverses disciplines (sociologues, historiens, médiologues et professionnels des médias), nous avons exploré quelques parcelles de cette gigantesque machine à faire voir notre époque, et nous avons surtout mesuré sa complexité, irréductible à toute synthèse.

C'est pourquoi ce livre comporte beaucoup moins de réponses que de questions, beaucoup moins de dogmes que d'exemples à méditer. Est-il possible de se forger une juste position critique à l'égard de l'information, aussi éloignée des faciles procès en falsification que de l'innocente réception d'une prétendue vérité objective des faits ? Les médias proposent une forme d'écriture de l'événement : il nous reste à la lire, à lire le monde à travers elle, et à partager avec nos lecteurs cette belle ambition.

MARTINE BLANC-MONTMAYEUR
directeur de la Bibliothèque publique d'information

Les mots, l'image, l'événement

MARC AUGÉ

Directeur d'études à l'EHESS

S'il est difficile de penser l'événement, c'est qu'il se produit au présent et que le présent est insaisissable, balançant incessamment entre le passé proche et le futur immédiat. Faute de « coller à l'événement », d'en être contemporain, nous essayons de lui trouver des origines, une histoire, et d'apprécier sa portée, l'histoire à venir. Le pur aboutissement – le « dénouement » – ou le pur déclencheur – le « coup de théâtre », qui « remet les compteurs à zéro » – sont des types idéaux qui soulignent, par contraste, la dimension nécessairement temporelle de l'événement. Celui-ci est du même coup objet d'interprétations ou de spéculations, d'interrogations portant sur ses origines ou son devenir. Il devient dès lors difficile de distinguer l'événement de ce qui en est dit.

L'amplitude de l'événement est liée à l'information dont il est l'objet. On peut donc supposer – et notre expérience quotidienne le confirme – que le développement spectaculaire des médias et des techniques de communication a pour conséquence une plus grande amplitude de l'événement en général ; autrement dit, que des événements locaux et ponctuels tendent à devenir internationaux et à faire date. C'est en ce sens que l'histoire tout à la fois s'accélère et se mondialise : non seulement parce que le contexte est mondial, que tout se tient et que différents moyens d'intervention rapide existent dans tous les domaines, mais aussi parce que nous (nous, les consommateurs d'informations) sommes avertis quasi instantanément, et même parfois de façon anticipée, des événements qui se produisent sur l'ensemble de la planète.

En bien des domaines, nous ne *savons* pas, à proprement parler, mais nous sommes *informés*. C'est dans la béance entre information et savoir que peuvent se glisser les craintes et les fantasmes. Car, si les scientifiques en tant que tels explorent l'inconnu et ne font jamais que reculer ou déplacer les frontières de l'ignorance, les humains en général – savants compris – ont besoin de certitudes ou de convictions de départ, de déduire et non d'induire, de court-circuiter l'inconnu.

La quantité accrue d'informations – information étant de plus en plus synonyme d'événement à portée mondiale – a des effets contradictoires. Nous pouvons, par exemple, être sensibles à la diffusion accrue de l'idéal démocratique et du principe des droits de l'homme, mais nous savons que les idéaux sont souvent tournés ou trahis, et nous avons connaissance des horreurs que recouvre parfois l'apparence démocratique. Nous pouvons constater à la fois des éléments de progrès et des signes de misère, de stagnation, parfois de régression. Les progrès de la science, outre qu'ils nous confrontent avec l'inconnu, nous révèlent notre dépendance vis-à-vis de l'environnement, nos dépendances héréditaires et notre solitude pascalienne dans un univers pour l'instant sans autre vie que la nôtre. Une meilleure connaissance de l'histoire et des mécanismes sociaux ne nous donne pas la clé de la vie en société : ni la science, ni la raison, ni la politique n'élaborent de nouvelles mythologies ; les institutions sociales (l'École, la famille, les syndicats) nous paraissent de moins en moins ancrées dans une quelconque nécessité historique ou sociologique. Même si des efforts de recomposition se manifestent, comme en témoignent l'importance de la vie associative en France ou les reprises d'initiative culturelle sur plusieurs continents, la course au sens se fait souvent individuellement et dans le désordre.

Les sociétés ont horreur de l'inattendu et de l'inhabituel. Elles le nient et le maîtrisent au besoin de façon imaginaire en essayant de l'enfermer par avance dans un code, une grille, un mode d'emploi, une histoire, dont il n'est qu'un épisode. Cet effort pour réduire l'arbitraire de l'événement est mis en échec relatif dès lors que l'événement est pour une part naturel (catastrophe « naturelle », épidémie, maladie, naissance, mort). Sous cet aspect, l'événement est aujourd'hui l'enjeu d'un combat technico-scientifique, qui se substitue au traitement mythico-idéologique : aux tables de divination, qui relèvent de la catégorie « mode d'emploi », « consignes de sécurité », se substituent des entreprises d'investigations et de recensement de la nature qui s'attaquent à son pouvoir de surprendre, à sa capacité événementielle – cartographie des gènes, médecine prédictive – et entreprennent de lui ôter le monopole de l'événement : reproduction assistée, clonage, produits transgéniques.

Aujourd'hui, l'un des enjeux de la mondialisation est la maîtrise globale – le mot « globalisation » est ici à sa place – de l'événement politique. C'est le sens profond de notions nouvelles, comme le « droit d'ingérence », et de l'apparition d'instances internationales qui préfigurent ce que serait un gouvernement de la planète. Le nouvel ordre mondial participe du monopole de l'événement, forme actualisée et globale du monopole de la violence, par lequel on définissait l'État. D'où un nouveau clivage entre les événements qui sont présentés comme relevant du banditisme, du terrorisme, de la folie, « dépolitisés » en ce sens, et pour le traitement desquels on crée de nouvelles juridictions, et les événements emblématiques du nouvel ordre : Sadam Hussein d'un côté, Lady Di de l'autre.

On peut donc résumer la problématique du rapport siècle – événement à partir de deux formules à quatre termes (la double quadrature du siècle).

Dans la première formule, chacun des quatre termes se définit par rapport aux trois autres :

Événement/Histoire
Informations/Savoir

L'information nous livre des événements dont nous pouvons nous demander quelle aura été, à plus long terme, leur importance historique ; d'un autre côté, nous pouvons nous demander quel est le rapport entre le savoir que nous communique l'information et l'histoire ou la science ; enfin, les techniques de l'information, qui relèvent elles-mêmes d'un savoir, sont un aspect de l'histoire contemporaine et elles pèsent sur le statut de l'événement (l'expression « événement médiatique » est pléonastique).

L'accélération de l'histoire – la multiplication des informations ou des événements – et le rétrécissement de l'espace, lié à la vitesse des transports, mais aussi à celle des images et des informations, changent le rapport que chacun peut entretenir avec soi et avec les autres. La complexité nouvelle du siècle finissant et du siècle à venir s'exprime dans et se mesure sur l'évolution de quatre rapports : *à soi* ou *aux autres, au temps, à l'espace*, et sur celle, concomitante, de leurs relations réciproques.

Les bouleversements qui ont affecté ces rapports au XXe siècle ne nous donnent sans doute qu'une faible idée de ce que le XXIe siècle nous réserve.

LE RADÔME ; © MUSÉE DES TÉLÉCOMMUNICATIONS DE PLEUMEUR-BODOU

Techniques et communications : les métamorphoses d'une fin de siècle

CATHERINE BERTHO-LAVENIR

Professeur à l'université de Clermont-Ferrand

Depuis le début des années soixante les capacités des réseaux de télécommunications, les technologies de la télévision et les possibilités de l'informatique se sont transformées dans des proportions radicales. Cette évolution a correspondu, sans que l'on puisse en déterminer clairement la cause et l'effet, à un changement d'échelle dans un grand nombre d'activités propres aux pays industrialisés. Les mouvements de capitaux, le commerce, l'information, les loisirs (la consommation de programmes télévisés, de cassettes ou de jeux vidéo) ont dessiné un espace à la mesure du globe, ou du moins de ses pays les plus développés. À partir du milieu des années quatre-vingt-dix, lorsque le réseau Internet s'est ouvert à de nouveaux utilisateurs, ce mouvement s'est accéléré, transformant l'environnement économique et social. Peut-on y reconnaître les prémices d'une révolution ? Les nouveautés techniques entraînent en général des commentaires enthousiastes, qui en exagèrent les effets. La révolution Internet, pour sa part, pourrait être réellement une révolution, dans la mesure où son usage transforme profondément les domaines économiques qui lui sont associés. Ses effets se comparent probablement à ce que furent ceux du chemin de fer au XIXe siècle. Le chemin de fer, en effet, n'a pas représenté seulement une façon de transporter des personnes ou des marchandises à des vitesses jusqu'alors inconnues, mais il a transformé l'agriculture et contribué à faire disparaître les famines en Europe – en ouvrant les marchés –, modifié le système bancaire – car il fallait mobiliser des capitaux –, entraîné le développement de la sidérurgie – pour produire des rails et des locomotives –, offert l'occasion de construire des machines à vapeur, qui ont à leur tour transformé la navigation, modifié la perception du monde – lorsqu'est né le tourisme –, transformé même la stratégie militaire. Les réseaux de télécommunications au début du XXIe siècle sont sans doute en train de faire subir au monde économique et à la société des transformations d'une ampleur comparable. Il suffit pour s'en convaincre de remonter dans l'histoire des cinquante dernières années.

Du transistor aux circuits intégrés

Au commencement est le transistor. Ce dispositif est inventé en 1948 par deux chercheurs des « Bell Labs », le grand laboratoire de recherche de la compagnie américaine de téléphone ATT. Les transistors ont plusieurs propriétés qui vont s'avérer décisives. En premier lieu, sous un faible volume, en consommant peu d'énergie et sans nécessiter des tensions électriques élevées, toujours délicates à manipuler, ils permettent d'envisager de véhiculer des communications téléphoniques à travers l'Atlantique par câble sous-marin ou même par satellite. Par ailleurs, ces mêmes dispositifs sont parfaitement adaptés au traitement à très grande vitesse des signaux numériques, qui sont au cœur des ordinateurs et des systèmes de télécommunication. L'évolution de leurs caractéristiques au cours des trente années suivantes a été spectaculaire, que ce soit en termes de rapidité, de sécurité, de densité ou de prix. Pour illustrer le niveau de leurs performances, disons que les dizaines de gigabits que l'on sait aujourd'hui transmettre par les fibres optiques permettraient de faire transiter la totalité du contenu des ouvrages de la Bibliothèque nationale de France en moins d'une heure, en admettant, bien sûr, que l'on sache numériser sans risque ces précieux ouvrages. La plupart des technologies connaissent une courbe de développement qui fait se succéder un départ relativement lent, une période d'accroissement très rapide, puis un ralentissement de la croissance. Rien n'annonce pour l'instant cette décélération. Bien au contraire, de nouvelles hypothèses technologiques laissent espérer que la multiplication de leur capacité de stockage et de traitement des informations va continuer au même rythme au cours des vingt prochaines années, et renforcer ainsi la baisse des coûts qui lui est associée. Cette évolution des technologies fondamentales des réseaux est le support d'autres transformations décisives. La première porte sur les capacités d'acheminement et d'orientation des réseaux internationaux.

Un monde véritablement en réseau

Jusqu'au milieu des années soixante, les communications internationales représentent une denrée rare et chère réservée aux entreprises, aux gouvernements, aux militaires. Dans les années trente, par exemple, il n'existait que deux possibilités pour communiquer entre la Grande-Bretagne et les États-Unis : utiliser les vieux câbles télégraphiques, dont la technologie datait du xixe siècle, ou faire confiance aux liaisons radio. Ces dernières étaient peu nombreuses. La station de Rugby en Angleterre, l'une des plus puissantes de l'époque, n'offrait alors que trois ou quatre « voies téléphoniques » simultanées vers les États-Unis. Peu à peu, l'étau se desserre. Les premiers progrès viennent des câbles téléphoniques sous-marins. Ceux qui apparaissent à la fin des années cinquante sont encore en cuivre, mais sont dotés d'amplifica-teurs à transistors. Très fiables – ils doivent être déposés au fond de la mer, parfois par 4 000 m de fond –, ces nouveaux câbles offrent de plus en plus de possibilités de communication : 48 communications simultanées sur le premier câble transatlantique en 1956, 4 000 en 1980, 40 000 en 1988. Un peu plus tard, on commence à lancer des satellites de télécommunication. Le premier s'appelle Telstar. Lancé en 1962, il a encore des possibilités modestes : il peut acheminer 60 conversations téléphoniques simultanées ou un pro-gramme de télévision mais, dans ce dernier cas, il faut renvoyer les liaisons téléphoniques sur les câbles sous-marins. Stimulés par la concurrence des câbles, les satellites se multiplient, leurs capacités aussi. En 1981, l'organisme qui gère les satellites pour les télécommunications internationales des pays associés aux États-Unis, la Comsat, exploite 25 000 circuits téléphoniques. Elle prévoit un doublement de ses capacités tous les quatre ans. Que faire avec ce réseau mondial encore modeste ? Téléphoner, d'abord, mais aussi envoyer des images de télévision.

Le téléphone : accéder au consommateur

Dès les années trente, les habitants des États-Unis sont massivement équipés en téléphone. L'Europe, en revanche, est moins bien dotée, et la France, compte tenu de sa richesse, fait même figure de lanterne rouge. Le téléphone n'y devient un bien de grande consommation qu'après 1975, en réalité au cours des années quatre-vingt. C'est alors que se développe le minitel. Objet pratiquement sans équivalent dans le monde – parce que les autres pays ont refusé d'en importer la technologie – il réussit à faire naître une activité, qui, par bien des côtés, préfigure Internet. Il permet aux particuliers d'accéder à l'annuaire électronique, aux horaires de chemin de fer ou d'avion, mais aussi – et surtout – de consulter des « services » (on dirait aujourd'hui des sites) conçus et exploités pour l'essentiel par des titres de presse. Les messageries roses défraient la chronique. Elles sont loin pourtant d'être seules sur le réseau minitel. On peut aussi y retrouver des horaires de cinéma, des résultats spor-tifs, des articles de presse ou les corrigés du bac... Les téléphones mobiles en revanche, n'existent pas ou presque sur le vieux continent avant la décen-nie quatre-vingt-dix, sauf en Scandinavie. Le radiotéléphone, comme on l'ap-pelle alors, est un matériel coûteux qui équipe essentiellement les bateaux en mer, les camions traversant les continents et les voitures de riches hommes d'affaire, voire de ministres.

Des images pour la télévision

Le média qui transforme le plus la vie collective au cours des années soixante, est évidemment la télévision. Elle se développe relativement lentement en Europe car il faut construire un maillage assez dense de réémetteurs hertziens, capable de couvrir tout le pays. Ce sont les pouvoirs publics qui s'en chargent, pour des raisons de coût mais aussi parce que le contrôle de la télévision a une dimension politique, identitaire et nationale. Dans l'ensemble, la télévision se développe en Europe selon un calendrier assez comparable dans tous les pays. C'est seulement au début des années soixante-dix que pratiquement tous les foyers sont équipés d'un téléviseur. Le nombre des chaînes est faible : la deuxième chaîne apparaît en France en 1964 ; la troisième, en 1973. Cette année-là, seuls 6 % des Français possèdent un récepteur couleur. Dans la plupart des pays européens, les chaînes sont exploitées sous forme de sociétés publiques qui produisent les programmes. Seule la Grande-Bretagne a un pôle (encore modeste) de télévision privée. Les programmes des télévisions publiques s'adressent à un public légèrement différencié : en général il existe une première chaîne plus conservatrice et consensuelle, une seconde chaîne plus « à gauche » (en Italie) ou plus « moderne », une troisième chaîne plus jeune et innovatrice. Le marché publicitaire est limité. L'approvisionnement en images venues d'au-delà des océans est difficile. Les premières images « internationales » sont celles du couronnement de la reine d'Angleterre, le 2 juin 1953. Les émissions en provenance de l'étranger sont la plupart du temps du direct et occupent une place modeste dans les programmes : 8 % de leur durée en 1969. Pour transmettre une bande d'actualité des États-Unis vers l'Europe, on enregistre les images sur film cinématographique, puis on les transforme en signal vidéo pour les acheminer par satellite. À l'arrivée elles sont de nouveau stockées sous forme de film en attendant d'être diffusées sur le réseau. Les procédés d'enregistrement vidéo existent mais sont d'un usage malcommode. Le magnétoscope, inventé en Allemagne en 1934, commercialisé à partir de 1955 aux États-Unis, est utilisé par la télévision française à partir de 1960 mais il ne permet ni l'avance rapide ni l'arrêt sur image et surtout pas un montage aisé : il faut des ciseaux, de la colle et un microscope pour couper et remonter les images.

Au début des années quatre-vingt, une véritable révolution secoue la télévision française. Ses fondements sont politiques et économiques autant que techniques. Les milieux industriels et les agences de publicité se plaignent de la limitation du temps de publicité autorisé sur les chaînes publiques et considèrent que cette contrainte fait obstacle à la croissance économique. Le président de la République nouvellement élu a promis à ses électeurs une libéralisation des programmes. Cela passe, pour commencer, par une autorisation d'émettre, donnée en 1983 à une chaîne cryptée privée, Canal + qui utilise l'ancien réseau d'émetteurs noir et blanc de la première chaîne. Dans les années qui suivent, la première chaîne est cédée au groupe Bouygues, et Silvio Berlusconi, homme d'affaires italien, déjà propriétaire de studios à Milan, obtient en 1986 la concession de La Cinquième. M 6, tournée vers la jeunesse, viendra compléter le dispositif. Après la mise en place d'une « Haute Autorité de l'audiovisuel », le gouvernement intervient moins directement dans les affaires de la télévision. Les changements techniques ne sont pas directement responsables de ces évolutions. On parle alors beaucoup des possibilités de télédiffusion directe offertes par le futur satellite TDF 1, mais ce dernier ne fonctionnera jamais correctement et, de fait, le projet est abandonné. Dans la pratique, les satellites de télécommunication relaieront indifféremment programmes TV, données numériques et communications. On commence à voir apparaître de petites antennes de réception individuelles. Elles permettent, notamment à des populations installées en Europe, de recevoir des émissions en provenance de Turquie ou du Maghreb. Le monopole « naturel » des télévisions nationales, tel que le garantissait la technique des années soixante, commence à s'effriter.

Les réseaux câblés représentent une autre évolution majeure en ce sens. Leur technique s'est développée aux États-Unis, au début des années soixante-dix, dans les grandes villes, afin de multiplier les programmes et d'assurer une bonne qualité de réception dans des zones dites « d'ombre », où les gratte-ciel et autres grands bâtiments perturbaient la réception des images. Les autorités américaines en font un instrument pour battre en brèche le monopole des grandes chaînes hertziennes (ABC, CBS et NBC) et élargir l'économie de la télévision. Afin que de nouvelles entreprises puissent se développer, un environnement juridique strict – fixé par les termes des concessions – limite fortement l'entrée des grandes sociétés existantes (chaînes de télévision hertzienne ou sociétés de télécommunications) dans les réseaux câblés. Au cours des mêmes années soixante-dix, le monopole de la société de téléphone ATT est démantelé au profit de nouveaux venus (Sprint ou MCI). Ted Turner peut, par ailleurs, créer une chaîne de télévision par satellite. En Europe, la mise en place des réseaux câblés est aussi encadrée par des dispositifs juridiques très contraignants qui en brident le développement. En France, le gouvernement choisit, par ailleurs, dès 1981 de construire des réseaux en fibres optiques : c'était anticiper sur les possibilités de la technique, encore inadaptée au transport de canaux multiples et impropre à l'interactivité. Concurrencés par les chaînes hertziennes privées et cryptées, les réseaux câblés français végètent. En Allemagne, ils se développent en relayant les nouvelles chaînes que véhiculent les satellites privés – dont le luxembourgeois Astra. En Grande-Bretagne, Robert Maxwell construit un groupe puissant (en partie démantelé en 1994) qui associe la presse, la production audiovisuelle et les réseaux câblés. Son concurrent, Rupert Murdoch, magnat de la presse australienne, assoit la puissance de son groupe (News Corporation) sur le satellite (BskyB) plutôt que sur le câble.

Au milieu des années quatre-vingt-dix, l'économie de la télévision change de nouveau de cap. Dans la décennie précédente, les autorités américaines ont profité des nouvelles technologies (satellites et réseaux câblés) pour favoriser, par tous les moyens, l'émergence de nouveaux acteurs dont le modèle est CNN de Ted Turner. Dans un second temps, elles laissent s'opérer fusions et concentrations. Des groupes géants se créent, associant l'industrie du contenu (représentée par les groupes de presse et par les studios hollywoodiens spécialisés dans la production de films ou d'émissions de télévision) aux sociétés de diffusion ou de télécommunications. Ainsi naissent ABC/Disney (qui vaut 23 milliards de dollars en 1998), Time Warner, propriétaire de CNN (14,5 milliards), Viacom/Paramount (12 milliards), Fox News Corps (13 milliards). Aucun groupe européen (Bertelsmann en Allemagne, le groupe de Leo Kirch qui possède Astra, Canal + bientôt absorbé par Vivendi, ou encore TF1...) n'atteint une taille comparable.

La contagion du numérique

Dans les années soixante-dix, l'informatique est encore l'affaire de professionnels qui utilisent de gros matériels chers, difficiles à programmer, délicats à utiliser. C'est seulement dans les années quatre-vingt qu'apparaissent les micro-ordinateurs. La société Apple propose alors les premiers Macintosh, utilisables par des particuliers sans trop de difficultés. C'est chez Xerox que s'inventent, pour Apple, les instructions faciles à exécuter, les icônes, le « couper-coller », la corbeille pour jeter les documents périmés. Ces nouveaux principes s'imposent dans l'informatique et Microsoft, fournisseur exclusif de logiciel pour les machines IBM, les adopte. Pourtant les micro-ordinateurs demeurent encore des outils plutôt professionnels, présents exclusivement dans les bureaux.

Peu à peu, cependant, une révolution silencieuse s'est imposée sans que l'on en distingue toujours clairement les conséquences. Les télécommunications, la télévision, le cinéma se sont mis progressivement à utiliser des technologies identiques, toutes fondées sur la numérisation du signal, c'est-à-dire le codage de la voix, du texte ou de l'image selon les principes de l'informatique. Cette évolution technique a une conséquence immédiate : chaque fois qu'un domaine est touché, on assiste à une augmentation radicale des capacités des matériels et à une diminution des coûts. La capacité de mémoire dans une puce électronique est multipliée par cent millions depuis les années soixante-dix. Le coût par bit stocké (unité d'information) est réduit dans des proportions voisines. Mais tous les segments des systèmes techniques des télécommunications, de la télévision, voire du cinéma, ne sont pas concernés par la numérisation à la même date. Pour les télécommunications, l'organisation du mouvement remonte à 1975 lorsqu'apparaissent des commutateurs – centraux téléphoniques – numériques. Tour à tour, les faisceaux hertziens (dans les années soixante-dix), puis les transmissions par satellite (dans les années quatre-vingt), enfin les terminaux (les postes téléphoniques) sont numérisés. Au cours de la décennie quatre-vingt-dix, les systèmes de téléphonie mobile sont transformés à leur tour, ouvrant le marché entièrement nouveau des téléphones portables grand public aux sociétés de télécommunications. Cette évolution a deux conséquences. En premier lieu, les capacités de transmission du réseau mondial de télécommunication ne constituent plus, pour les pays riches, un goulot d'étranglement comme c'était encore le cas au début des années quatre-vingt. Des capacités de transmission énormes existent qui ne demandent qu'à être utilisées. En second lieu, les équipements, moins coûteux, deviennent accessibles à tout le monde. Quel adolescent n'a pas utilisé un téléphone portable? Les nouveaux abonnés représentent désormais un marché immense et largement inexploré pour de nouveaux services.

Faire sauter les bouchons

Cette évolution est confortée par l'introduction systématique des fibres optiques dans les réseaux. Apparues au début des années quatre-vingt, elles ont, elles aussi, des capacités de transmission sans commune mesure avec celles des anciens câbles en cuivre. Elles sont partout : dans les réseaux terrestres où elles acheminent l'image, la voix, les données, et sous les océans, où elles ont multiplié les possibilités de transmission : le premier câble transatlantique en fibres optiques posé sous l'Atlantique pouvait, en 1988, acheminer 40 000 communications simultanées. La capacité de son successeur en 1995 est de 500 000 voies. Aujourd'hui, de nombreuses compagnies publiques et privées sont en train de poser des câbles en fibres optiques sous tous les océans. À l'heure actuelle, il y a sur le marché plus de capacité de transmission que de demande.

Autre point d'étranglement qui promet de disparaître dans un court avenir : l'accès au consommateur final, c'est-à-dire à l'abonné au téléphone ou au téléspectateur. Jusqu'en 1999 – à peu près – un problème sérieux se présentait à tous ceux qui désiraient acheminer au domicile des particuliers des images fixes ou animées – film ou émission de télévision. La seule solution était d'utiliser les techniques de la télévision via une antenne hertzienne ou satellite, ou bien de faire confiance à un câble traditionnel – mieux encore en fibre optique –, pénétrant jusqu'au récepteur. Or poser un câble coûte cher et n'est envisageable qu'en ville. Passer par des antennes ne permet pas réellement l'interactivité. Le seul accès universel aujourd'hui disponible est le fil du téléphone (par lequel passent notamment les accès Internet des particuliers) mais, créé pour la voix, il est mal adapté aux débits élevés qu'exige l'image. Deux solutions concurrentes sont apparues pour en augmenter les possibilités. Les techniques de compression du signal (dites MPEG, du nom du comité chargé de les normaliser) ont permis, pour leur première génération, de réduire de 100 à 200 fois la taille du fichier qu'il faut acheminer pour transmettre une image. On avait autrefois besoin d'un débit de 34 Mbit/s pour acheminer les 25 images par seconde de la télévision ; 8 Mbit/s suffisent aujourd'hui. Or l'élargissement de la bande passante (techniques dites ADSL) permet à l'heure actuelle de disposer sur un conducteur conventionnel de cette capacité de 4 ou 8 Mbits/s, tout à fait suffisante pour acheminer de l'image animée. Quant aux téléphones portables, les techniques WAP (Wireless Application Protocol) permettront, dans un très court futur, de les alimenter au moins en données venues d'Internet.

Pendant ce temps, les ordinateurs personnels, eux aussi, ont changé. Il y a cinq ans encore, leur coût était, en Europe, trop élevé pour un équipement de loisir. En outre, le traitement de texte et la comptabilité ne représentaient pas des activités réellement attrayantes. Pour séduire le grand public, il faut lui proposer des images, comme l'a montré le succès des jeux vidéo ou des cédéroms culturels et éducatifs… En 1999, la France a vu le marché des micro-ordinateurs se transformer. Coûtant moins de 10 000 F, susceptibles d'être achetés dans une grande surface, équipés de programmes raisonnablement faciles à utiliser, les « micros » sont désormais dotés de capacités de mémoire qui leur permettent de stocker et de traiter des images, et de modems (dispositifs d'accès au réseau téléphonique) capables de les alimenter en images animées venues du réseau ou de leur permettre d'envoyer ces mêmes images. Le statut même du micro-ordinateur dans la maison se transforme. On peut s'en servir pour jouer, consulter des CD, écouter la radio, charger des images, regarder des films, et – pour les plus puissants – recevoir des émissions de télévision.

Vers une nouvelle télévision

Et la télévision dans tout ceci? La numérisation l'a aussi transformée, par petites touches. En ce qui concerne la production d'abord : les studios de production entièrement numériques, très coûteux, se sont répandus lentement, mais le prix des matériels vient de baisser sensiblement. Par ailleurs, le traitement numérique de l'image rend le stockage, l'indexation et la réutilisation des émissions incomparablement plus faciles. Au cinéma, le numérique s'est imposé aux marges du système. Il sert à réaliser des trucages, qui sans lui seraient impossibles ou trop coûteux (faire voler un hélicoptère dans un couloir par exemple) ou à gagner du temps sur la post-production (sous-titrage, doublage, adaptation des films aux divers marchés mondiaux). Rares cependant sont les films entièrement numériques : comme le dessin animé en son temps, ils représentent une forme d'expression autonome, différente du film traditionnel.

Pour la diffusion de la télévision, la numérisation des satellites qui retransmettent les programmes a modifié profondément l'économie des chaînes. Désormais le « ticket d'entrée » pour relayer une chaîne est beaucoup plus bas que ce qu'il était il y a quinze ans. Un million de francs suffit à s'assurer une place sur un satellite ; moins si l'on se glisse dans un « bouquet ». Il est possible alors de rentabiliser un programme sur un nombre de téléspectateurs plus petit et d'envisager des chaînes – thématiques ou communautaires – s'adressant, par exemple, aux amateurs d'histoire ou aux habitants d'une région. Derrière cette transformation, c'est la logique ancienne de la télévision qui est remise en cause. Du temps des grandes chaînes nationales, la télévision était commune à tous les habitants d'un même pays : tous regardaient, plus ou moins, les mêmes informations, les mêmes films, frémissaient aux péripéties d'un même feuilleton. La diffusion mondiale des mêmes programmes avait élargi, au cours des années soixante-dix, cette communauté à l'échelle du monde. Le feuilleton *Dallas*, produit aux États-Unis mais acheté et diffusé par les télévisions nationales du monde entier, au Maghreb comme en Grande-Bretagne ou en Indonésie, a été, en son temps, le symbole de ce partage des mêmes images. Cette époque est-elle révolue ? Les chaînes thématiques vont-elles contribuer à atomiser l'audience et fracturer la société en micro-communautés ? Peut-être. Même l'offre des « bouquets », aujourd'hui, se fragmente : les nouvelles formules d'abonnement permettent à chacun de faire son marché et de ne retenir que les chaînes qui répondent très précisément à ses goûts. La numérisation prochaine des réseaux hertziens que relayent les tours des « émetteurs télé » bien visibles dans nos paysages va renforcer le problème. Là où l'on véhicule aujourd'hui six programmes, on en transmettra trente, voire quarante. Que faire de cette abondance ? Qui va les produire ? Les regarder ? Les financer ? La numérisation des récepteurs, en revanche, semble pour l'instant marquer le pas. La différence de qualité de l'image ou du service interactif, aujourd'hui proposé, ne paraît pas suffisamment convaincante pour le téléspectateur au regard du prix. Aux États-Unis, toutes les sociétés de télévision ont prévu un passage concerté à la diffusion numérique échelonné entre 2002 et 2010, mais le parc de récepteurs numériques est encore limité.

Internet et les réseaux

L'économie déjà passablement chahutée des télécoms, de l'informatique et de la télévision s'est compliquée ces dernières années de l'apparition d'un nouveau réseau : Internet. Jusqu'à la fin des années quatre-vingt, Internet ne présente pas, en fait, un gros danger pour quiconque. Le « réseau des réseaux » est né en plusieurs phases, à partir de 1970, aux États-Unis. Il est à l'origine constitué de liaisons numériques « à transmission de paquets », qui relient des laboratoires et des universités travaillant pour l'armée américaine. Son organisation en mailles de filet doit assurer sa sécurité : si une partie du réseau est attaquée, les messages sont re-routés via d'autres mailles du réseau. Lorsque des réseaux étrangers ou de plus petits laboratoires américains cherchent à y être associés, le protocole de transmission (TCP/IP) lui donne une dimension potentiellement universelle. Par ailleurs, dans les années quatre-vingt, alors que se multiplient les micro-ordinateurs, l'adaptation du système Usenet permet d'en faire un outil de communication exceptionnel : chaque ordinateur relié au réseau est capable de renvoyer à son tour les messages qu'il a reçus ; l'ensemble est particulièrement adapté à l'échange de courrier électronique et à la création de groupes de discussion. Enfin, les chercheurs du Cern à Genève, associés eux aussi au réseau, complètent l'édifice en créant le système hypermédia « www » qui permet d'afficher et de faire circuler des « pages » contenant données, textes, sons et images. Pour organiser quelque peu Internet, des délégués, représentant les centres informatiques les plus importants parmi ceux qui contribuent à son fonctionnement, se réunissent régulièrement. Le réseau s'organise autour d'artères de transmission principales : les *backbones*. Les administrateurs se préoccupent aussi d'attribuer les adresses et de contrôler, voire de détruire les sites de discussion qui prolifèrent, lorsqu'ils sont le lieu de débats houleux sur le sexe ou la drogue. Le réseau n'est pas du tout étranger aux techniques traditionnelles de télécommunications – la transmission de données par paquets est utilisée en France pour le service minitel – mais il représente un objet technique et social entièrement nouveau.

Sur le plan technique, c'est une synthèse inédite entre la tradition de l'informatique et celle des télécommunications, jusqu'alors représentées par des institutions et des entreprises rivales. En outre, Internet est né hors du marché. Jusqu'au milieu des années quatre-vingt-dix, on n'y vend rien, sauf un peu de matériel informatique. En revanche, on y écrit beaucoup, et on y parle (surtout d'informatique). Il s'y développe une informatique entièrement nouvelle. De nouvelles sociétés émergent qui développent des matériels spécifiques : Cisco fabrique ainsi les routeurs géants qui aiguillent le trafic sur le net. Alors que les logiciels destinés aux micro-ordinateurs sont presque entièrement contrôlés par la firme Microsoft, à laquelle Apple essaie de résister tant bien que mal, les informaticiens inventent pour le net des « navigateurs » à partir de concepts entièrement nouveaux : d'abord Mosaic, puis Navigator de la société Netscape. Sun Microsystem propose un langage nouveau : Java, particulièrement adapté au net. Grâce aux navigateurs, qui permettent à l'internaute de se retrouver dans le foisonnement des pages, Internet devient vraiment séduisant pour le grand public. Jusqu'en 1995, à peu près, les utilisateurs se recrutent dans des milieux assez étroits : universitaires ou chercheurs, cadres, qui sont, pour la plupart, blancs, de sexe masculin et d'un haut niveau d'étude. Déjà nombreux aux États-Unis et au Canada (24 millions en 1995), ils représentent un marché intéressant. Des entreprises développent les moyens de leur vendre « en ligne » matériel informatique, voyages, livres, billets de spectacle… Or ce marché s'étend. Même en Europe, les micro-ordinateurs se répandent dans le grand public. On a vu qu'ils étaient désormais connectés au réseau téléphonique et capables de traiter des images. La tentation de transformer Internet se fait alors très grande : il y a là un fantastique moyen d'accéder à des clients potentiels. Les pionniers du réseau se rebiffent. Ils rappellent l'idéologie des premiers temps (les années quatre-vingt !), le partage, la gratuité, l'entraide, la liberté d'expression… Peine perdue, Internet se métamorphose en quelque chose d'entièrement nouveau, une « place de marché » sur laquelle vont se rencontrer vendeurs et acheteurs. Symbole de cette évolution : l'attribution des noms de sites, qui était gérée par une organisation à but non lucratif, est concédée par le gouvernement américain à une société de droit privé, qui en fait commerce. Les deux générations d'Internet continuent malgré tout à coexister sur le réseau. Les centres de recherche et les universités proposent toujours des catalogues de bibliothèque ou des sites d'information gratuits. De même, les sites personnels, les sites d'associations et les applications non commerciales continuent à proliférer, ne serait-ce qu'en raison de l'extension du réseau. Cependant, les applications commerciales se sont multipliées. Certaines d'entre elles entrent aujourd'hui en concurrence avec des activités appartenant aux domaines autrefois réservés des télécommunications, de la télévision, voire du cinéma.

Nouveau réseau, nouveaux usages

Les télécommunications n'échappent pas à cette déstabilisation. Certes, Internet leur apporte du trafic, mais un trafic de données faiblement rémunéré. En revanche, un programme concocté en Israël permet de téléphoner sur le net à des coûts inférieurs à ceux des communications internationales. C'est sans doute tout l'équilibre des tarifs entre communications locales et internationales, déjà mis à mal par la baisse du prix de revient des communications internationales, qui devra être revu. En revanche, un marché nouveau se dévoile : l'envoi de données Internet sur les téléphones portables, qui représente une perspective alléchante. Les touches du portable ne permettant qu'une interactivité limitée, il faudra développer des services aisément accessibles pour des usagers quasiment captifs...

La télévision et le cinéma s'intéressent aussi au nouveau réseau. L'exemple du disque fait réfléchir les producteurs de programmes. Internet a gardé de ses origines une tradition libertaire. On y fait circuler librement toutes sortes de programmes : par exemple, ceux qui permettent de dupliquer des disques. L'industrie du disque d'abord alarmée par ce piratage a fini par choisir d'accompagner le mouvement. Sa stratégie rappelle ce qui s'est passé lors des débuts de la radiodiffusion où les artistes de music-hall, les directeurs de théâtre et les professionnels de la musique enregistrée s'étaient d'abord émus d'une concurrence potentielle avant de faire de la radio un extraordinaire instrument de promotion. Les grandes maisons de disques prévoient donc de créer des sites pour diffuser de la musique sur le réseau. Le cinéma rencontre des problèmes analogues. Les grands studios programment aujourd'hui soigneusement la sortie des films dans le monde entier : en salle, puis sur les chaînes télévisées, puis en vidéo, voire en DVD, selon un calendrier bien précis (en France il est fixé par la loi). Qu'arrive-t-il si n'importe qui peut copier et envoyer des images animées sur le net ? Les grandes maisons d'Hollywood n'ont pour l'instant sur Internet que des sites promotionnels, mais certains cinéastes ont déjà réalisé des films exclusivement pour le réseau. Des sites se créent, qui archivent les réalisations de jeunes créateurs. Quelle place restera-t-il pour la vidéo, le DVD et les chaînes câblées ?

Le récepteur de télévision, enfin, court peut-être le risque d'être détrôné par l'écran d'un ordinateur. La diffusion de programmes télévisés sur Internet est, on l'a vu, tout à fait envisageable à court ou moyen terme. Ceux qui, disposent d'un accès suffisamment puissant peuvent, dès maintenant, afficher sur une fenêtre de leur ordinateur un certain nombre de programmes. La grande différence avec le téléviseur est que l'interactivité – l'intervention du spectateur – est beaucoup plus facile à mettre en œuvre à partir du micro-ordinateur, qui a été conçu pour cela. Le spectacle de la télévision va-t-il se déplacer pour autant sur l'ordinateur ? Pas forcément... Les paramètres d'une évolution de ce genre ne sont jamais exclusivement techniques. De quelle télévision parle-t-on ? S'agit-il des programmes suivis par toute la famille sur le grand récepteur du salon – comme c'était le cas dans les années soixante-dix –, ou bien d'émissions « pointues » destinées, par exemple, à des adolescents amateurs d'un sport rare, qu'ils regarderont dans leur chambre tout en faisant autre chose ? Dans chacun des deux cas les usages et les marchés sont tout à fait différents, même si l'état de la technique permet, aujourd'hui, l'un comme l'autre. En fait, dans ce domaine, comme dans toutes les formes de la communication, les évolutions ne sont jamais exclusivement techniques. C'est au moment où il se glisse dans les réseaux de l'inventivité, du savoir, du plaisir, voire même, un désir de puissance, des ambitions industrielles ou commerciales, que l'on passe de dispositifs techniques, inertes et compliqués, à de véritables moyens de communication, source d'échanges et de croissance mais aussi de conflits, aussi complexes et ambigus dans leurs usages que l'est la vie même.

1. MÉDIAS ET RÉCEPTIONS

MAQUETTE DE MICHEL HENNIQUE, 1964 ; © INA

Notre condition médiologique

DANIEL BOUGNOUX

Professeur en sciences de la communication à l'université Stendhal de Grenoble III,
et rédacteur en chef des *Cahiers de médiologie* (éditions Gallimard).

Les médias ne sont pas un secteur d'étude qu'on pourrait aborder à côté des autres, ils conditionnent et informent en permanence nos connaissances, nos jugements, nos valeurs, nos désirs. Mais cette « condition », ou ce condition-nement médiologique, n'est ni mécanique ni d'ailleurs évident pour la conscience de chacun. Le mode d'existence et d'efficacité de nos médias n'est pas celui d'objets qui se laisseraient traiter face à face.

Traditionnellement, la philosophie pose que le sujet humain produit des artefacts techniques qui lui demeurent extérieurs – et dans lesquels éven-tuellement celui-ci s'aliène. Efforçons-nous au contraire de comprendre que ces prothèses nous constituent, et comment, par conséquent, bien loin de nous toucher superficiellement ou par accident, elles ont sur notre identité des effets profonds ou essentiels. Les médias ne sont pas un supplément qui nous arriverait du dehors. Soit, par exemple, la métaphore, classique en philosophie depuis au moins Descartes, de la raison comme « lumière naturelle ». Cette image commode supprime d'avance plusieurs questions en posant qu'il n'y a qu'un soleil, que celui-ci rayonne gratuitement dans l'éther transparent, ou que tous les hommes y sont également exposés (sous réserve des varia-tions géoclimatiques), etc. Une médiologie testera l'hypothèse inverse : qu'il n'y a de lumière qu'artificielle, et que l'histoire de nos connaissances est celle de nos techniques d'éclairage, au sens large ; en bref, que la moindre « exposition » relève d'un choix, et que toute mise en lumière ou au jour des regards suppose un dispositif à la fois technique et institutionnel – un média – plus ou moins onéreux. Une information suppose généralement pour son extraction, son acheminement ou son traitement une technologie, donc un coût (même si nous ne l'acquittons pas directement).

Cet exemple annonce en creux un projet critique, qui n'est pas vraiment une discipline ; nous définissons la médiologie comme l'examen raisonné des relations unissant les techniques de transmission et de transport, avec les productions symboliques et les pratiques sociales ; ou, plus brièvement, comme l'étude des interactions entre médium et message.

Chacun sent bien qu'une trame obscure relie nos médias et les formes du savoir, du lien social, de la représentation politique ou de la culture. Si les moyens de transport modifient notre perception du paysage (la France n'est pas la même selon qu'on la parcourt à bicyclette ou en TGV), de même les formes de l'imaginaire changent quand on passe des écrits aux écrans, et les figures de l'autorité évoluent au gré des supports. *Medium is message*, a formulé McLuhan dans un percutant (et obscur) raccourci, le support constitue une partie du message. Gravé sur la pierre, typographié sur papier bible, sur un journal, sur un écran d'ordinateur, ou énoncé oralement, un texte ne dit pas la même chose ; le passage de l'œil à l'oreille, ou de la lecture à l'oralité, change considérablement les conditions de réception des textes en général. Pourtant, cette étrange causalité des médias demeure opaque : nous peinons à relier l'idée et l'outil, le symbolique et le technique. L'identification par Ferdinand de Saussure du couple « signifiant-signifié » a ouvert et nourri au cours de ce siècle les études sémiologiques ; l'articulation du médium et du message n'est pas moins prometteuse, quoique encore balbutiante.

Le projet médiologique voudrait mieux comprendre l'impossible présence im-médiate des sujets à eux-mêmes ; et comment une « graphosphère », séculairement construite autour du livre et des représentations majestueuses et sages liées en général à la culture de l'imprimé, est en train de céder une partie de la place à une « vidéosphère », organisée autour de l'audiovisuel, de l'ordinateur et des nouvelles technologies de la communication, qui favorisent le direct, l'image et l'interactivité. Le terme *media* désigne à l'origine « ce qui se tient entre » et qui, en nous reliant, nous organise ; ce qui permet notamment de dire durablement « nous ». La médiologie se rattache donc à une écologie : elle étudie ces milieux, à la fois sociaux et techniques, qui façonnent et recyclent nos représentations symboliques, et nous permettent de vivre ensemble. D'où quelques renversements : le centre se déduit d'une périphérie, le sujet d'une relation, la raison d'un réseau…

L'hypothèse qu'il faille des outils pour penser répugne à notre narcissisme spontané. La pensée jaillissante ne peut que nous paraître innée, et libre. Nous n'aimons guère admettre que son bon fonctionnement nécessite des prothèses techniques. *Sapiens* oublie et rejette *faber*, alors qu'ils se partagent le même corps, lequel se ramifie en médias qui fonctionnent à bas bruit, ou de façon autoraturante. Car une lecture est à son régime optimum quand on vagabonde en imagination dans le monde qu'elle ouvre ; le cinéma, quand, pris par le film, j'oublie tout de la projection, etc. Comme les signes, nos médias s'effacent dans leurs effets. Quand le doigt montre la lune, il faut être imbécile – ou sémio-médiologue – pour regarder le doigt. Mais cette médiologie déterre en effet quelques facteurs cachés ou oubliés de nos performances symboliques, dans la mesure où le fonctionnement de nos médias, par définition, nous échappe.

Dans *Le Geste et la Parole*, André Leroi-Gourhan explique que l'outil prolonge le corps, dont il « extériorise » les fonctions : d'abord les usages durs ou lourds (le bâton, le marteau extériorisent notre squelette), puis de moins en moins matériels, jusqu'aux machines informationnelles qui étendent nos fonctions intellectuelles (mémoires de papier puis de silicium, calculettes, ordinateurs, « réseaux pensants », etc.). L'enquête anthropologique invite à ne pas couper notre évolution biologique de nos genèses techniques, ni notre raison de ces réseaux : nous produisons une technique qui nous produit en retour ; notre outillage ou nos médias – les interfaces techniques par lesquelles nous opérons sur le monde extérieur et sur nos semblables – prolongent et accompagnent l'hominisation. Certains auteurs décrivent à rebours cette extériorisation décentrante et la croissance exponentielle de nos technologies comme déshumanisation et perte du sens (toujours rattaché à une certaine expérience im-médiate de soi, des autres et du monde extérieur), mais c'est oublier que rien n'est plus humain que la technique, depuis les premiers bifaces de silex qui ont conditionné le développement de notre cortex jusqu'aux modernes machines à transmettre et à communiquer. On opposera donc aux technophobes et aux divers contempteurs de la médiation tech-nique que plusieurs conquêtes dans ce domaine ont permis d'extraordinaires percées symboliques, et que l'anthropogenèse toujours continuée est une technogenèse ; *sapiens sapiens* coévolue avec ses outils. Une fois bien rodés, ceux-ci semblent nous appartenir en propre, et faire dorénavant partie de notre nature. Nous vivons étroitement enchevêtrés à ces machinations de « la technique », depuis celles du corps décrites par Mauss jusqu'aux réseaux de communication modernes, qui irriguent nos propres neurones. Le monde technique, et particulièrement celui des machines qui traitent de près ou de loin ce qu'on résume par l'*information*, se laisse de moins en moins isoler ; avec les progrès chaque jour plus insidieux de l'informatique, on sait que la frontière entre le vivant et l'ensemble des artefacts humains est devenue difficile à tracer.

Savoir, information, communication

L'un des effets des technologies numériques est de découper toujours plus finement l'information, jusqu'à rendre celle-ci modulaire, et accessible aux libres recombinaisons de chacun ; la distribution du journal ou de la télévision par internet va personnaliser les messages, au point que le même article ou la même image toucheront très peu de gens. Avec la mise en réseau et en libre service des données numériques, *la messe est finie*, et « média » s'est désaccouplé de « masse », alors que ces deux mots semblaient inséparables dans les années soixante, quand se développait une critique des médias accusés de niveler les consciences et de standardiser les modes de vie. Nous croyons savoir aujourd'hui, au rebours de l'école de Francfort et des études critiques de la propagande, que l'essor des transmissions numérisées et de l'interactivité accompagne celui de l'individualisme ; ou qu'il y a plus qu'une connivence entre l'analyse des signaux visuels, sonores, textuels ou sensoriels en *bits* transcrits en longues chaînes de 0 et de 1, et l'analyse du social en individus qui constituent eux-mêmes des atomes de décision et de choix.

La fin des grands récits, par laquelle Jean-François Lyotard identifiait la condition postmoderne, correspond elle-même à cette fragmentation d'ensembles sémantiques auparavant bien liés, ou organiquement architecturés, et remis désormais en pièces détachées à la disposition de chacun. L'approche contemporaine de l'information et de la communication remplace partout une distribution *top/down* (de la culture, des savoirs) par une sélection *bottom/up*; on ne demande plus à chacun d'obéir ni d'adhérer mais de s'exprimer, d'interagir ou, comme le prescrivent ironiquement quelques spots publicitaires, de valoriser sa différence et son monde propre. Il ne s'agit pas tant de préférer le simulacre à la vérité, ou le nihilisme des apparences aux fondations collectives du juste, du beau et du raisonnable, comme le déplorent trop vite certains prophètes « apocalyptiques », que de privilégier une information distribuée de façon sensible, personnelle et relationnelle, voire interactive. Le mot d'ordre ou l'impératif cardinal se résume donc à présent par la « pertinence » : en réaction contre une conception transcendante et collective de la culture telle qu'elle se rassemble à l'école dans la notion de « programme », au théâtre dans celle de « répertoire », ou au musée dans le « patrimoine » ou la « collection », on revendique désormais en marge de ceux-ci, et assez souvent à leur place, une culture *just in time*, ou une curiosité, une relation et une expression personnelles qui tendent à ronger et à morceler les œuvres et les savoirs.

Un savoir, dans l'acception philosophique du terme, émerge au-delà de l'accumulation des données et des informations ; il suppose une architecture ou, du moins, sans atteindre nécessairement à l'ordre du système, un certain degré d'organisation interne dans l'intégration des connaissances. L'information, en revanche, naît plurielle, et en miettes ; ses contenus doivent moins aux idées directrices et au monde propre du chercheur qu'aux turbulences du réel et à l'infinie multiplicité des faits. On sait que la montée d'une exigence informationnelle dans une presse auparavant vouée à la fonction éditoriale, aux effets littéraires et au règne de l'opinion, fut perçue au cours du XIXe siècle comme une insupportable dérive ; dans la préface à *Mademoiselle de Maupin*, Théophile Gautier s'est plu à prolonger la célèbre prophétie hugolienne « Ceci tuera cela » : « Le journal tue le livre, comme le livre a tué l'architecture. » L'écrivain dogmatique, fier de son style et de ses nobles sentiments, s'estime très supérieur au « reporter crotté » (généralement anglo-saxon), incapable de rassembler dans une synthèse fougueuse et de présenter sous un jour agréable un émiettement de broutilles, une poussière de faits sans consistance. Privée d'idées, l'information demeure informe, elle éparpille l'attention au lieu de la rassembler, elle empêche la volonté et risque de diviser la nation. C'est ainsi que Zola, qui n'était pas encore le défenseur de Dreyfus, écrit dans la préface de *La Morasse* : « Le flot déchaîné de l'information à outrance a transformé le journalisme, tué les grands articles de discussion, tué la critique littéraire, donné chaque jour plus de place aux dépêches, aux nouvelles grandes et petites, aux procès verbaux des reporters et des interviewers. » La fin des grands débats, déjà dénoncée en 1888 ! Que dire alors un siècle plus tard de la communication, qui délaisse les contenus au profit de la relation, et dont l'exercice peut paraître encore plus erratique, et vide ? Quelle est cette sagesse que nous avons perdue dans le savoir ? Quel savoir s'évanouit dans l'information ? Et quelle information dans la communication ?

Entre le flux et le stock, la pyramide et le réseau

Il est probable que l'évolution de l'art contemporain, et les tendances corrélatives des musées, offrent un champ fertile pour comprendre ce que les nouvelles technologies font à la culture, soit aux usages de la mémoire, de l'imaginaire, des œuvres… Beaucoup d'artistes se donnent aujourd'hui pour mission d'acclimater la technologie, en instaurant entre notre système nerveux et les nouveaux outils quelques relations exemplaires d'évolutions ailleurs en cours.

Dans l'agencement traditionnel du musée, on trouvait des œuvres immobiles, un parcours plus ou moins fléché des unes aux autres, une vision frontale avec interdiction de toucher, et le même spectacle proposé à tous. Avec le musée navigable ou *cliquable* des nouvelles technologies, voici qu'on ne monte plus vers la représentation immobile, mais qu'on enfile sur soi l'œuvre ou le programme comme une combinaison (aux deux sens de ce mot), qu'on manipule les variables du spectacle, qu'on les touche du bout des doigts pour en modifier les paramètres… Que l'on songe à l'invention du livre, du téléphone ou du magnétoscope, dans la plupart des domaines les nouvelles technologies se seront imposées parce qu'elles contribuaient à libérer le récepteur-usager en augmentant son autonomie. L'évolution observable aujourd'hui vers les parcours à la carte, pertinents ou de mieux en mieux ciblés, des futurs ou possibles égo-musées confirme cette tendance générale : le casque qu'on enfile, ou les écrans à cliquer, privatisent un espace par excellence public, l'offre d'images et de textes prospecte des niches de plus en plus fines et personnalisées en épousant sur le mode interactif le tempo (l'espace et le temps) du visiteur.

Corrélativement, il arrive que l'artiste contemporain se pense moins comme un créateur d'objet que comme l'installateur, ou l'instigateur, d'un « contexte » dans lequel la créativité du spectateur pénètre et se déploie. « Ouverte » ou inachevée, l'œuvre ne se réfère plus au modèle de la fenêtre d'Alberti, mais fonctionne plutôt comme une porte ouvrant sur un espace d'échanges interactifs. Face aux images surévaluées accrochées aux cimaises des musées, voici les images sans valeur intrinsèque du flux électronique, indéfiniment décomposées et recomposées, qui n'attachent pas mais qui dansent, phosphènes au bord de la paupière, selon les sollicitations ou le parcours de chacun.

Notre façon de consommer l'art, et les outils modernes de sa communication, nous éloignent chaque jour davantage de la conception kantienne qui voyait dans l'œuvre une « promesse de communauté ». La fragmentation annoncée par le *Musée imaginaire* de Malraux, la délocalisation accélérée des œuvres et la multiplication de leurs copies sur différents supports, débouchent aujourd'hui sur la circulation sans frein d'Internet. Ce nouvel imaginaire est cannibale, qui démembre les œuvres en pièces ou en bons morceaux pour les jeter à la gloutonne culture des masses ; mais ce mouvement avait été anticipé par les surréalistes déjà, avec les démembrements du collage ou du cadavre exquis, puis par Magritte ou Dali dont la peinture débouchait directement sur la planche à billets de l'exploitation publicitaire. Tout se passe au fil de cette évolution comme si la spirale de la sémiotisation dans l'art épousait celle de la monnaie. On sait comment celle-ci, depuis le bœuf homérique ou le lingot d'or, n'a cessé de perdre en substance pour devenir *fiduciaire*, signe de signe et écriture toujours plus abstraite et immatérielle, jusqu'à l'*e-cash*. De même en art, « à l'époque de sa reproduction numérisée », nous échangeons des simulacres d'œuvres, réduites à des concepts, ou nous laissons tomber des noms qui circulent comme cartes de membre entre des clubs éphémères… Un vernissage illustre par excellence cette inversion de la « transmission » des images, arrachées à la nuit des cultes et de l'art, dans la « communication » et les bonnes relations d'un marché en voie d'unification économico-publicitaire.

Tout musée convoque le fantôme de la tombe ou du coffre-fort, où un trésor est déposé, mais il doit également accueillir des visiteurs et leur montrer celui-ci, et l'on sait que ces deux logiques de la conservation et de l'exposition peuvent entrer en contradiction. Avec le musée du Louvre, cette contradiction se trouve depuis quelques années elle-même exposée, ou figurée, dans l'oxymore d'une pyramide transparente, à la fois vitrine et tombeau ; on descend dans la pyramide, lieu de culte et salle des coffres, mais on emprunte pour cela le cristal d'une verrière où s'esquisse, dans l'armature du matériau, un début de réseau particulièrement suggestif. L'actuelle entrée du Louvre condense ainsi les deux états extrêmes – la tombe, le réseau – des technologies de la conservation. Deux attitudes s'en déduisent et s'opposent désormais vis-à-vis de la chose artistique : là où l'idée de conservation, et notre arrêt méditatif devant les œuvres, suggèrent une composante quelque peu funèbre, l'ouverture illimitée et le vortex vorace du réseau invitent au *fun*.

Il semble éclairant de même de placer la pyramide, ce monument du recueillement saturé de culte et d'intériorité, face à l'architecture écorchée de Beaubourg qui témoigne d'un choix rigoureusement inverse ; en mettant ses entrailles à l'air, le bâtiment affirme dans le jeu de ses horizontales et de ses tuyaux l'impératif de la circulation. On devine au premier coup d'œil que les valeurs de la conservation s'inclinent ici vers celles de la « conversation ». Les bornes interactives, les postes de lecture assistés par ordinateur et les nouvelles technologies ouvrent au visiteur des parcours aléatoires, des trajets pour lui seul... Quand le flux déborde le stock, une culture de la rumination et de la mémoire longue en libère une autre, faite d'entraînement au dialogue et à la vie des rythmes, prompte à saisir les alternatives et à tailler sa trajectoire à travers les bifurcations et les gambades du réseau.

FAMILLE FRANÇAISE DEVANT LA TÉLÉVISION,
1. © INA, 1952 _ 2. © SIEGLER / INA, 1967

Télévision. Le silence des publics

DANIEL DAYAN

Chercheur au Centre national de la recherche scientifique,
Laboratoire d'anthropologie des institutions et organisations sociales

À Lilly Scherr

Audiences ou publics ?

La notion de public, en matière de télévision, ne correspond pas simplement à une catégorisation extérieure : elle renvoie à une expérience particulière. L'expérience qui consiste à regarder la télévision ne peut pas se décrire en termes simplement individuels. Voir, c'est « voir avec », c'est entrer en interaction avec un « contrechamp » constitué de tous ceux qui regardent simultanément la même image télévisuelle ou, plus exactement, de tous ceux dont on imagine qu'ils le font. Telle est l'expérience que décrit le philosophe américain Stanley Cavell lorsqu'il nous dit que la programmation comporte toujours un moment pivot où l'énonciation se fera en direct, permettant ainsi d'accéder au registre du « voir avec », d'entrer dans la communauté imaginée de ceux qui la regardent en même temps.

Telle est l'expérience que j'ai tentée moi-même de décrire à propos de la « télévision cérémonielle » et du sentiment océanique qu'éprouve le public des grands événements à l'idée de se fondre dans une communauté planétaire, communauté immense et fugitive, public dont la monumentalité éphémère est caractéristique de l'expérience qu'offre la télévision[1].

C'est la même idée que l'on retrouve chez Michel Gheude lorsqu'il montre que la télévision sert de prétexte à une « réunion invisible[2] », et c'est la même idée qu'avait déjà exprimée Walter Benjamin, il y a près de soixante ans, bien avant l'arrivée de la télévision, lorsqu'il disait que « l'expérience du spectateur […] est toujours déjà déterminée par l'expérience du public qu'il est sur le point de constituer[3]… »

Le public sert donc d'horizon à l'expérience du spectateur. De ce point de vue on ne peut être spectateur sans référence à un public. Mais, au-delà de l'expérience subjective, qui rapporte le voir à la communauté imaginée de ceux qui voient aussi, comment penser la notion d'un public de télévision ? Que signifie la notion ? Les publics ont-ils, selon les cas, plus ou moins de substance ? Plus ou moins de stabilité ? Sont-ils toujours les émanations de collectivités préexistantes ? Peuvent-ils au contraire se constituer en réponse à des situations inédites, aux sollicitations de certains textes ? Existe-t-il alors des situations qui seraient « publigènes », par rapport à des situations qui seraient stériles ? Existe-t-il des circonstances « publicides » ? Peut-il y avoir un public sans qu'il y ait parole ? La notion de « public » est-elle dissociable de celle de « sphère publique », et donc d'une activité spécifique de débat ? Peut-on, à l'inverse, faire partie d'un public par simple juxtaposition, voire sans qu'il y ait juxtaposition, par la simple vertu d'un calcul statistique ? Enfin, quel rapport la notion de public entretient-elle avec la notion d'audience ?

Public : le substantif, l'adjectif

Le mot « public » peut se présenter soit comme un substantif, soit comme un adjectif. Le substantif présuppose qu'il existe des publics. Il renvoie idéalement à une « substance » publique, à des identités relativement reconnaissables, éventuellement éphémères, mais suffisamment stables pour être décrites. Réfléchissons maintenant à la dimension adjective du mot « public ». On parle de comportements ou d'opinions publics par opposition à ceux qui seraient privés (c'est-à-dire privés de publicité). Il me semble essentiel de tenir compte de cette dimension adjective du mot « public », de tout ce qui lie la notion de « public » à la notion de « sphère publique[4] ». En effet, la notion de « public » est une notion réflexive. Le public du XVIIe siècle se constitue, nous dit-on, à force de lire et de discuter des journaux où il est question du « public ». La notion de « public » consiste non seulement à voir, mais à être vu. Tout public renvoie alors à un autre public, qui le regarde. Il existe des « manières de public », comme il existe des manières de table. C'est de façon ostensible que des publics se constituent en se différenciant d'autres publics. En d'autres termes, être un public, c'est se livrer à une performance publique. Cette performance peut être consensuelle ou polémique, mais elle ne peut être invisible. Ce ne sont donc pas des publics que l'on voit se matérialiser à leur insu, sous la plume des experts. Les publics ne jaillissent pas du royaume des ombres. Ils n'ont pas besoin de pythies pour s'exprimer.

L'adjectif « public » introduit alors une distinction essentielle face à la passivité du recensement. Il marque la volonté de procéder à une présentation de soi. En d'autres termes, un public prend toujours, d'une certaine façon, la pose. Un public se sait et se veut regardé. Qu'en est-il alors des audiences, êtres timides, plongés dans une pénombre perpétuelle, ménages aux regards écarquillés, fantômes dont l'existence se partage entre les limbes des salles de séjour et les camemberts des parts de marché ? Ce portrait est généralement celui que l'on brosse des publics de télévision. Il est accablant. Est-il ressemblant ?

Publics visibles et invisibles

Le problème des médias de masse est précisément celui de savoir s'ils n'ont, face à eux, rien d'autre que des auditoires invisibles, des spectateurs dont il faut manifester l'activité souterraine. Les médias de masse n'ont-ils, face à eux, rien d'autre que des audiences ? Leurs « publics » ne sont-ils que des artefacts inventés par des sociologues, par des instituts de sondage ? Ne s'agit-il que de fictions assemblées à l'insu des intéressés ? Si tel était le cas, ces publics ne seraient pas doués de parole. Ils seraient des publics sans le savoir ou ils n'existeraient que comme arguments dans des discours portés par d'autres, y figurant à titre d'instances légitimatrices.

Pourtant, rien n'empêche d'imaginer que, même face aux médias de masse, il puisse exister des publics qui se manifestent comme tels. Le public dispersé de la télévision n'est pas nécessairement un ectoplasme que de complexes incantations réussiraient à rendre visible. Il n'est pas condamné à servir de résultat à une sémiologie qui permettrait de l'identifier comme on identifie une maladie. Ce public pourrait être réflexif, conscient d'exister, dédaigneux d'autres publics, parfois défensif à leur égard : il n'est pas condamné au silence.

Public, engagement, espace public

Tout public se définit par une performance qu'Austin dirait « commissive », par une affirmation de loyauté émanant de ceux qui disent y appartenir[5]. Contrairement aux audiences, volontiers honteuses, dont les « sondeurs » (sondeurs d'âme) apprennent très tôt à débusquer les reniements, les publics se constituent dans le geste même de prendre position. On pourrait alors désigner plusieurs types de situations télévisuelles génératrices de publics. Je voudrais ici en privilégier une.

La télévision offre aussi la version contemporaine des grandes « affaires », qu'étudie Élizabeth Claverie[6]. Pour ces auteurs, dont je m'inspire ici, le modèle de l'« affaire » ne consiste pas seulement à expliquer la confrontation des publics. Il permet de voir comment ces publics se constituent, de comprendre que le geste par lequel ils s'affirment équivaut à une véritable structuration de la sphère publique. Un tel geste déterminera, souvent pour des décennies, l'identité des acteurs et des langages politiques. On en arrive ici au point où la performance du public semble atteindre son amplitude maximum, puisqu'elle en vient à se confondre avec le fonctionnement de la sphère publique. Mais ces grandes mobilisations de l'opinion publique se produiraient sans la télévision, et elles se sont produites bien avant que celle-ci n'existe. La télévision joue ici – après bien d'autres – le rôle d'un relais du politique. Y a-t-il des situations où l'on voit émerger, face à elle, des publics plus spécifiques ?

Un bon objet… et le reste ?

Proposer une distinction radicale entre audiences et publics est une entreprise hérissée de difficultés. Difficultés tout d'abord terminologiques. Inscrites dans différentes traditions linguistiques, des traditions de recherche voisines emploient les mêmes mots de façon différente : en français, la notion de « public » sert de terme générique, et la notion « d'audience » se présente comme un terme « marqué » ; en anglais, en revanche, c'est la notion « d'audience » qui sert de degré zéro, et la notion de « public » qui se présenterait comme une forme d'audience particulière et valorisée. Difficultés évaluatives ensuite, liées au statut normatif, qui est celui de la notion de « public » et à son utilisation en philosophie politique. L'opposition entre « audience » et « public » repose en effet sur un clivage : le public est automatiquement crédité d'une valeur positive, l'audience est le double obscur du public. C'est un mauvais objet, voire, comme le suggère Sonia Livingstone, une enveloppe vide, un faire-valoir informe : ce qui reste lorsqu'on a fini de dessiner les contours du « public ».

Il est alors vrai que face aux caractérisations négatives de l'audience, la notion de « public » se définit essentiellement par une série d'attributs positifs :

• Un public présuppose un certain type de sociabilité. Comme le rappelle Pierre Sorlin, c'est un milieu. Cette sociabilité se traduit par un minimum de stabilité.

• Un public se définit par sa capacité de performance. Il procède à des présentations de soi destinées à d'autres publics.

• Un public manifeste une disposition à défendre certaines valeurs (politiques, esthétiques), en référence à un bien commun ou à un univers symbolique partagé.

• Un public est susceptible d'émettre des demandes (prolongeant ainsi la capacité de « commande » des mécènes étudiés par Michael Baxandall).

• Enfin, un public ne peut exister que sous forme réflexive. Son existence passe par une capacité à s'auto-imaginer, par des modes de représentation du collectif, par des ratifications de l'appartenance.

En contraste avec un public, une audience ne se caractérise ni par un impératif de sociabilité ou de stabilité, ni par une obligation de performance (elle reste confinée dans l'espace privé), ni par une référence nécessaire à un bien commun. Son attention est réactive : elle est réponse à une offre. En revanche, tout comme celle des publics, la réalité des audiences est une réalité imaginée. Rien d'étonnant à cela. La construction de tout sujet collectif passe par une fiction. Encore faut-il que ce sujet collectif existe. La question est alors de savoir non pas s'il est imaginé, mais par qui. Dans le cas des publics, le sujet collectif est imaginé à la première personne, par un nous. Dans le cas des audiences, ce sujet est imaginé à la troisième personne. Il est construit par des tiers et à l'intention d'autres tiers.

À partir de ces quelques clarifications conceptuelles, il est maintenant possible de revenir aux publics de la télévision. On voit bien qu'un savoir portant sur ces publics ne se confond pas nécessairement avec celui dont nous disposons sur les audiences. Il n'en est pas non plus absolument distinct.

Audiences et publics sont souvent composés des mêmes spectateurs. L'acte par lequel on décide si l'on a affaire aux unes ou aux autres est souvent un acte d'évaluation.

Les audiences de la télévision de masse peuvent masquer des publics. Ces audiences peuvent-elles se transformer en publics ? Pour le savoir, il faudrait s'intéresser à cette transformation et se donner les moyens de l'observer. L'a-t-on fait ?

Études d'audience : le public prié de se taire

« Les méthodes de mesure d'audiences contribuent, par les partis pris qu'elles recèlent, à mettre en forme une certaine idée du public... », écrit Sabine Chalvon[7]. « En circonscrivant certains objets d'observation [...], ces méthodes [...] opèrent une certaine forme de stylisation », stylisation qu'elles dissimulent sous « la neutralité apparente des chiffres ». Une telle stylisation repose sur le privilège exorbitant donné à certains indicateurs essentiels. L'univers des téléspectateurs se trouve alors « filtré, raréfié, jusqu'à venir se réfugier dans un chiffre unique qui n'est pas sans évoquer les souvenirs des notes qui sanctionnaient les performances scolaires ». Construite en vue d'une évaluation de la « part d'audience », une telle stylisation revient à croire « que chaque individu peut être découpé en un nombre restreint d'attributs ; que chacun de ces attributs peut s'autonomiser et être considéré indépendamment des autres ; qu'en les additionnant on peut produire une entité sociale dotée d'une pertinence explicative[8] ». Le public des médias est peut-être un public atomisé. Mais l'est-il autant qu'une telle représentation le laisse croire ?

Plutôt que de considérer la seule relation du spectateur au programme, il importe alors de ne pas dissoudre la dimension collective de l'écoute, de ne pas détacher cette dernière de son inscription dans un processus social, de tenir compte de son contexte, d'accorder une véritable attention aux « dynamiques de l'écoute ». Une « démographie des flux » permettrait ainsi de rendre compte des variations temporelles dans la composition des audiences. Elle montrerait comment « le public présent au cours d'une émission connaît des événements analogues à ceux d'une population humaine ; [...] il naît au début de l'émission (c'est l'allumage du poste), meurt à la fin (arrêt de l'écoute) ; [...] il effectue des migrations (en provenance ou en direction des autres chaînes) ; il est soumis à des épidémies[9] [...] ».

Cette dimension temporelle est progressivement prise en compte. Mais les progrès des mesures d'audience restent ambigus. D'un côté, « les mesures gagnent en précision ; les instruments s'affinent ; les techniques se standardisent, acquièrent une stabilité, une homogénéité, une comparabilité ; les échantillons s'élargissent [...], la continuité des mesures s'établit[10] [...] ». De l'autre côté, on voit se resserrer l'étau des descriptions réifiantes, se poursuivre l'entreprise de désocialisation du spectateur. « La connaissance des publics est de moins en moins dépendante de leur intervention directe [...]. Celle-ci se révèle de plus en plus ténue. » Les critères retenus ne laissent place « ni au plaisir d'être un public, ni à la volonté de se reconnaître en lui ». « L'objectivité » consiste pour une large part à exclure que le public soit traité en sujet ; à le priver des occasions de s'exprimer ; à lui couper la parole. Son discours n'est plus nécessaire. Des indices l'ont remplacé.

Certes, le discours que porte ce public n'est pas toujours facile à identifier. « Les réactions des spectateurs à des présentations publiques, matchs, projections, shows, sont assez discernables. Tant que le théâtre n'a pas vécu de ses subventions il a dû négocier son répertoire, sa réception et son calendrier avec ses usagers[11]. » En revanche, les réactions des auditeurs ou des téléspectateurs restent souvent confinées dans une sphère domestique, où elles échappent aux regards. Mais les prises de position de ce public invisible « sont bien plus nombreuses et intéressantes qu'on ne serait tenté de le croire. Dès le XIXe siècle, les lecteurs ont écrit aux journaux, et au siècle suivant ils ont continué avec les chaînes de radio et de télévision. Au début des années trente, la BBC recevait deux mille lettres par semaine ; au cours de la même décennie, cinq millions de messages écrits étaient adressés à la chaîne américaine NBC[12]. » Au cours des années quatre-vingt, un étudiant préparant une thèse sur le public de la chaîne indienne Doordashan, était invité à excaver des monticules de papiers aux abords des bureaux de la chaîne. Ces monticules étaient en fait des milliers de lettres d'auditeurs. De ces messages non ouverts, détrempés par les pluies et des « quantités de documents similaires qui ne sont pas encore inventoriés », on peut dégager, avec Pierre Sorlin, deux conclusions : « La première est qu'ils n'ont servi à rien. Quelques lettres ont été lues et commentées au micro pour donner le sentiment qu'on les prenait au sérieux, mais le courrier n'a jamais été systématiquement dépouillé et on n'en a tenu aucun compte » ; la seconde va à l'encontre de la statistique et de sa tendance à uniformiser les comportements : « Les textes écrits donnent une prodigieuse impression de diversité. » Ce que démontrent alors les analyses de Sabine Chalvon, tout comme celles de Pierre Sorlin, c'est l'immense indifférence des institutions médiatiques vis-à-vis de spectateurs qui sont socialisés, dotés de parole, susceptibles de manifester des goûts ou des appartenances. Que les spectateurs puissent former des publics semble n'intéresser personne. Les publics ne sont pas des réalités « notables ». Leur existence fait les frais du processus de « stylisation ». Mais une nouvelle forme de stylisation va apparaître au début des années quatre-vingt.

Études de réception : la parole restituée ?

De nombreux sociologues des médias, au cours des années quatre-vingt, délaissent les mesures d'audience et les problèmes d'impact afin de se tourner vers la question de la réception. La question posée est celle d'une circulation sociale du sens. Elle se révèle liée à un double projet : projet de connaissance de la culture des récepteurs ; projet de reconnaissance de la légitimité ou de la validité de cette culture. Étudier la réception, c'est entrer dans l'intimité de ces récepteurs, et envisager que les univers de signification qui y sont élaborés puissent être caractérisés autrement qu'en termes d'aliénation ou de déficit. La culture, qui est celle des critiques et des chercheurs, est-elle alors capable de dépasser son « texto-centrisme », sa propension didactique ? Est-elle capable, comme les cultures européennes ont su le faire, face à celles qui leur paraissaient les plus étrangères, de communiquer avec ce qui lui est extérieur, et donc de rétablir divers publics dans des rôles de sujets ? Les études de réception ne se contentent pas de parler « au nom » du public. Elles refusent d'en parler à la troisième personne. Elles tentent de faire entendre sa voix.

Le modèle texte-lecteur

Une telle tentative se donne un cadre théorique. Combinant analyse textuelle et recherche empirique, théorie littéraire et sciences sociales, ce cadre délaisse la psychologie du spectateur individuel ou la cohérence structurale du texte pour s'intéresser à la nature de la relation entre texte et lecteur. Ainsi se constitue ce qu'il est maintenant convenu de désigner comme le « modèle texte-lecteur[13] ». Ce modèle peut être résumé en quatre propositions.

• Le sens d'un texte ne fait pas partie intégrante du texte. La réception n'est pas l'absorption passive de significations préconstruites, mais le lieu d'une production de sens. L'ambition de l'analyse textuelle – déduire la lecture (et le lecteur) de l'étude du seul texte – est donc rejetée.

• Ce rejet passe par l'abandon de tout modèle d'interprétation privilégiant le savoir de l'analyste. Dès lors que la recherche sur la réception se réclame d'une approche empirique, il faut reconnaître que les structures d'un texte ne sont que virtuelles, tant que des lecteurs ou des spectateurs ne viennent pas les activer. Le savoir sur un texte, si raffiné soit-il, ne permet pas de prédire l'interprétation qu'il recevra.

• Les lecteurs et les spectateurs sont diversifiés. En rupture avec une conception linéaire de la communication, le principe qui veut que les codes présidant à la « production » des messages soient nécessairement ceux mis en œuvre au moment de la « reconnaissance » qu'en font les récepteurs[14] est également rejeté. Dès lors que l'on reconnaît la diversité des contextes où la réception se réalise, ainsi que la pluralité des codes en circulation à l'intérieur d'un même ensemble linguistique et culturel, il n'y a plus de raisons pour qu'un message soit automatiquement reçu dans les termes où il a été émis. La coïncidence du « décodage » et de l'« encodage » peut être fréquente, elle reste, néanmoins, une coïncidence.

• La réception est le moment où les significations d'un texte sont constituées par les membres d'un public. Ce sont ces significations, et non pas le texte lui-même, et encore moins les intentions des auteurs, qui servent de points de départ aux chaînes causales menant aux effets attribués aux contenus de la télévision. Ce qui peut être doté d'effets, ce n'est pas le texte conçu, ou le texte produit, ou le texte diffusé, mais le texte effectivement reçu ; et ce texte est reçu selon des modalités spécifiques par des publics – ou des audiences – distincts.

À l'intérieur d'un tel cadre, le grand apport des études de réception consiste à souligner la diversité des lectures, la diversité des modes de construction des significations attribuées aux textes diffusés, la diversité des publics. Ces études s'intéressent moins à la constitution ou à la production de ces publics. Elles commencent à le faire au début des années quatre-vingt-dix.

La dynamique des audiences

Pour Fiske[15], la stabilité que suggère le substantif « public » est illusoire. Les publics ne sont pas des « substances » (on pourrait alors en prélever des pincées « représentatives »), mais des configurations mouvantes, des flux et des reflux de spectateurs ; non pas des groupes, mais des regroupements. Figer un tel mouvement reviendrait à dissoudre l'objet étudié. Partant du mot « audience », dont on a vu qu'en anglais il désigne aussi la notion de public, Fiske souligne qu'il ne s'agit pas pour une émission de « demander audience » – de s'adresser à un public constitué – mais de déclencher un processus de création de public. On devrait alors conjuguer « audience » comme un verbe. Pour cela, Fiske propose de créer le verbe *to audience* ; de focaliser l'étude de la réception sur le moment de l'*audiencing*, sur ce qu'on pourrait appeler en français « l'audienciation », et que je définirais comme le processus d'acceptation de l'identité collective proposée au spectateur dans l'acte d'énonciation.

Ce processus passe par une négociation. Une certaine fiction de public est proposée par une émission ou un programme. Elle en constitue le « cadre participatif[16] ». Celui-ci renvoie aux membres du public dont la présence sert de référence à la performance des participants à une émission, ou à ceux dont la présence lointaine confère une dimension collective à l'expérience de chaque spectateur. Ces membres lointains du public peuvent être réels, mais, dans la situation de réception, leur statut est essentiellement imaginé. L'un des éléments essentiels qui mène à l'activation ou à la non-activation de la réception consiste dès lors à accepter ou à refuser la compagnie de ces « autres » que l'on imagine ; à se sentir agrégé à une image de public que l'on juge acceptable, souhaitable, désirable, ou au contraire inacceptable, avilissante. On entre alors dans le jeu, ou l'on bat en retraite en zappant. En d'autres termes, il s'agit ici de décrire le processus d'entrée dans une communauté imaginée de téléspectateurs[17] (ou de sortie de celle-ci).

Ce processus d'imagination ne requiert cependant ni sociabilité ni performance. Recevoir une émission, c'est s'engager dans une interaction « parasociale », et qui peut ne rester que cela. Le processus « d'audienciation » décrit alors non pas la constitution d'un public, mais l'agrégation à une audience. C'est une contribution phénoménologique à la « démographie des flux » évoquée plus haut. La référence à des publics est-elle alors plus directe lors que l'on se tourne vers la thèse centrale des études de réception ?

Cette thèse affirme la diversité des lectures. Elle nous dit qu'il y a des publics. Nous dit-elle qu'il y a public ? Mettre le mot au pluriel suffit-il à justifier qu'il soit utilisé ? Les publics se définissent-ils seulement par leur diversité ? Ne pourrait-on pas parler de diversité des audiences ? Les études de réception restituent une parole. De qui est-ce la parole ?

La parole de l'audience. Histoire d'un quiproquo

La parole restituée par les études de réception est généralement référée à des publics ou à des « communautés d'interprétation ». Il faut cependant y regarder de plus près. On pourrait en effet soutenir que, tout en posant des questions sur les publics, les études de réception s'intéressent avant tout aux audiences, et qu'elles résolvent ce quiproquo, au prix de nombreuses difficultés méthodologiques, en décrivant de telles audiences comme si elles étaient des publics. Les audiences sont alors poussées à la performance, sommées de faire preuve de sociabilité.

En donnant la parole aux spectateurs, en posant la légitimité de cette parole, on amène ceux-ci à rendre explicites, dans un discours semi-public, des réactions qui, souvent, ne sont ni discursives, ni argumentées. On les encourage à adopter un rôle, à procéder à une « présentation de soi », marquée selon le cas par la complaisance ou par le défi. On crée ainsi un artefact discursif : une prise de parole critique chez des spectateurs pour lesquels une telle performance est exotique ou incongrue.

La reconnaissance d'un tel problème se traduit par la généralisation d'approches qui, dans un style ethnographique, se réclament de l'observation participante. Il s'agit de replacer la parole recueillie dans le contexte des échanges qui caractérisent les « communautés d'interprétation ». Mais, à partir de critères bons ou mauvais, les limites de ces communautés sont généralement définie par l'enquêteur. Son intervention réussit à rendre collective une activité qui peut l'être, ou ne l'être pas, ou l'être autrement. Elle se traduit ainsi par un artefact de sociabilité.

Donner la parole à une allégorie

Si l'on additionne ces deux artefacts, on peut alors suggérer que la recherche sur la réception consiste à inventer une fiction de public et à lui donner la parole. Un tel public, en effet, n'est pas revendiqué sous la forme d'un « nous ». Il est recruté de l'extérieur, au sein des spectateurs d'une émission donnée. Mais ces recrues ne forment pas nécessairement une collectivité. Les individus conviés à des études de réception ne savent généralement pas qu'ils forment des publics. Ils forment des publics sans le savoir, comme monsieur Jourdain fait de la prose. Les publics de ce genre ne sont alors pas suscep-tibles de parole. Ils ne sont pas susceptibles de parole, pour la simple raison qu'ils n'existent que sur le papier, ou sur invitations. Ils ne sont pas plus doués de parole que des allégories classiques telles que la liberté ou l'égalité. Comme le dit alors John Hartley[18] : « Son statut étant celui d'une création discursive, il est absurde de vouloir étudier un tel public dans la réalité. Une telle réalité est physiquement invisible, mais observable textuellement, et textuellement seulement. Elle relève alors d'une seule discipline : l'analyse des discours. »

Ce public qui n'est pas susceptible de parole, mais de prosopopée ; qui n'existe que comme réalité discursive, que comme regroupement opéré de l'ex-térieur, que comme catégorisation performative, porte alors un nom : c'est une audience.

La confusion originelle

Le quiproquo de l'audience et du public remonte à l'un des actes fondateurs des recherches sur la réception : l'étude que deux disciples de Stuart Hall, Charlotte Brunsdon et David Morley, consacrent au public d'un magazine de nouvelles télévisées, *Nationwide*[19]. Les auteurs y font la démonstration empi-rique de la diversité des lectures réservées à une même émission, laquelle peut être lue en conformité avec les intentions des producteurs (lectures « dominantes »), en opposition avec celles-ci (lectures « oppositionnelles »), ou, le plus souvent, dans un va-et-vient entre acceptation et contestation (lec-tures « négociées »).

L'étude sur le public de *Nationwide* précise que les lectures « opposition-nelles » manifestées au cours de l'enquête émanent généralement d'un petit groupe de spectateurs. Ceux-ci sont capables, non seulement de récuser certaines propositions contenues dans les nouvelles, mais de les reformuler en faisant appel à certains principes de lecture de la réalité sociale. Ces spec-tateurs minoritaires ont une autre particularité : ce sont des membres actifs de formations syndicales. On voit alors qu'ils forment un milieu (militant) ; qu'ils marquent fortement leur appartenance (syndicale) ; qu'ils la manifes-tent par leurs performances (prise de parole en public). En d'autres termes, ces spectateurs forment un public et leurs interventions se démarquent complètement de celles de tous les autres spectateurs interrogés. David Morley met ainsi à jour une distinction essentielle.

Il est alors intéressant de voir comment son étude – comme les flots d'études qui suivront – va oublier cette distinction. David Morley va en effet traiter les audiences et les publics comme s'ils formaient un continuum (ce que permet l'ambiguïté du mot anglais *audience*). Ce choix sera lourd de conséquences, dont celle qui consistera à attribuer indistinctement à tous les spectateurs des capacités de lecture « oppositionnelles » ; et celle qui consistera à donner une image idéalisée des audiences, au lieu de mettre en place un programme de recherches sur les « publics ». Mais un tel programme était-il possible ? Existe-t-il, en d'autres termes, des publics de télévision ?

Publics de la télévision ?

Des publics malgré tout ?

Même face aux médias de masse, il semble exister des publics qui se manifestent comme tels, qui se dotent de rituels, qui affirment former des communautés. Ce sont par exemple les punks et les adeptes de la pop music, dont Dick Hebdige[20] montre la capacité à développer des réseaux complexes d'activités, des critères d'appartenance. De même, les spectateurs potentiels de certains grands événements télévisés peuvent-ils faire pression pour que ces événements aient lieu et pour qu'ils aient lieu d'une certaine façon. (Les spectateurs anglais ont ainsi exigé ainsi que la princesse Diana ait droit à des funérailles nationales). Toutefois, ces utilisateurs de médias forment-ils véritablement des publics ?

Partons ici de deux exemples. L'un se situe dans le droit fil des études de réception. Il s'agit du travail de Dominique Pasquier[21] sur *La Culture des sentiments*. L'autre aborde les problèmes de réception du point de vue de l'anthropologie symbolique. Il concerne ce que j'ai tenté de définir comme une *Télévision cérémonielle*[22].

Le public des « fans »

La Culture des sentiments décrit de façon précise l'univers des fillettes et des adolescentes qui se reconnaissent comme les « fans » de la série *Hélène et les Garçons*. Cet univers se caractérise par (au moins) quatre données propres aux publics :

• Le sentiment – réflexif – d'appartenir à une « communauté imaginée » : « La petite fan sait qu'il y a d'autres fans qu'elle ne connaît pas, mais dont elle connaît l'existence. » De ce fait, « le courrier occupe une place centrale, avec les milliers de lettres envoyées par des enfants aux comédiens de la série ».

• Ce courrier contient souvent des injonctions ou des demandes narratives.

• Il s'accompagne d'une sociabilité directe : « Les séries télévisées pour adolescents constituent un terrain privilégié pour s'initier aux règles de ce jeu social. […] Elles alimentent des cultures, à travers le jeu de rôles chez les plus jeunes, ou les imitations vestimentaires chez les plus grands. […] Le soir après l'école, c'est la vie avec ceux de l'école qui se poursuit. »

• Enfin, il y a performance : « Le travail de présentation de soi comme téléspectateur fait intimement partie de la position spectatorielle elle-même. »

On trouve ici la plupart des ingrédients qui caractérisent un public, y compris la propension à se définir par le rejet d'un autre public (filles et garçons refusent de suivre les mêmes séries). Y a-t-il public pour autant ? Seulement si l'on accepte qu'un public puisse fonctionner à côté de l'espace social, dans une sorte de société parallèle. L'ensemble des activités des « fans » renvoie en effet à un univers qui est celui du jeu, de la *mimicry* ou de la *paidia*. Il renvoie à une réalité sociale que l'on pourrait décrire comme enclavée, marginale, ludique. Un élément essentiel semble manquer ici : le côté « pour de bon ». Les règles constitutives de l'objet « public » sont-elles alors compatibles avec l'univers du « comme si » ?

Le public de la télévision cérémonielle

C'est un autre type de manifestation d'un public de télévision que j'ai tenté d'étudier avec Elihu Katz, dans *La Télévision cérémonielle*[23], en m'intéressant à la transmission en direct de grands événements présentés comme « historiques ». Cette transmission est caractérisée par l'interruption de la programmation et par la présence simultanée de deux sortes de spectateurs : d'une part, les spectateurs expressifs, qui se portent à la rencontre des grands événements afin d'en acclamer ou d'en siffler les acteurs dans la rue ; d'autre part les spectateurs domestiques, dont la réalité cesse d'être invisible grâce à une norme propre à de tels événements : celle d'un visionnage collectif. Celui-ci aboutit à transformer les spectateurs restés chez eux en petites communautés de célébration, en communautés réflexives, parfaitement conscientes de l'existence de millions d'autres communautés semblables et également immergées dans le déroulement de l'événement en direct. De ce type d'événement, le premier effet est performatif. Il consiste à avoir lieu, et, en ayant lieu, à produire une image du social. Le corps social est ainsi « figuré », ou reconfiguré. Le second effet est un effet de scansion, d'activation, ou de réactivation, d'une sphère publique nationale. Activement recherché, le troisième effet est lié à une telle réactivation. Il consiste à susciter des publics. Certaines initiatives politiques, comme la visite de Sadate à Jérusalem, ou celle du pape Jean-Paul II dans les pays de l'Est, invitent leurs spectateurs à s'engager, à devenir témoins, à se transformer en apôtres, en propagateurs. On retrouve ici le rôle joué par les « minorités actives » décrites par Pierre Moscovici. Les témoins de l'événement seront son public. Ils en seront aussi les véritables médias. Dans d'autres événements cérémoniels – débats présidentiels, grands procès judiciaires –, il s'agira en revanche de permettre une différenciation des publics, d'organiser la confrontation de publics qui se réclament de valeurs opposées.

En un mot, l'intérêt des travaux sur la « télévision cérémonielle » est de mettre en lumière le processus qui transforme en publics les audiences habituelles de la télévision. On voit en effet apparaître :

• Un sentiment d'appartenance : les petites communautés de célébration se perçoivent, non pas comme des audiences, mais comme une vaste « diaspora » festive.

• Des modes spécifiques de sociabilité : hospitalité, maisons ouvertes, intense activité téléphonique.

• Une propension à émettre des demandes, concernant le déroulement, voire l'existence même de l'événement.

• Une capacité à défendre face à d'autres publics les valeurs incarnées par l'événement.

Public d'un jour ?

Mais il faut reconnaître ici les limites d'une telle transformation des audiences en publics. Il existe tout d'abord des cérémonies télévisées qui servent non pas à catalyser les débats, mais à construire le « dissensus », non pas à structurer la sphère publique, mais à la détruire. Ce sont les événements dont James Carey tente de reconstituer la progression tumultueuse au cours de l'histoire récente, ou moins récente, des États-Unis : rituels d'humiliation et de dégradation ; « auditions sénatoriales » en forme d'inquisition infligées au juge Bork, au juge Thomas, à Bill Clinton ; mises en examen devant la commission des activités anti-américaines, comparutions devant le sénateur McCarthy[24]. Chacun de ces épisodes semble se caractériser par la disparition de toute référence à un « bien commun ». À la vocation universaliste des publics se substitue un sectarisme schismatique lourd de conséquences pour la société mais qui n'interdit cependant pas de parler d'un public.

La seconde limite à la transformation des audiences en publics est, dans sa définition, plus grave. Elle concerne le caractère éphémère de la réflexivité des audiences, l'aspect ponctuel de leur engagement, qu'il s'agisse de leur propre histoire ou des « souffrances à distance » d'autrui. Todd Gitlin[25] parle ainsi de « sociations fugitives ». Les audiences se métamorphosent, le temps d'un événement, en entités réflexives. Mais cette transformation n'est pas suffisamment stable pour entraîner l'apparition de publics. La sphère publique nationale est activée, mais elle est activée le temps d'un intervalle ou d'un interstice. La « liminalité » d'une telle activation rejoint alors la marginalité des publics enfantins. Les publics de la télévision festive, tout comme ceux de la télévision enfantine, n'ont alors accès qu'à un univers parallèle, à un espace public entre parenthèses ou entre guillemets. Dans un cas on a des publics pour rire, dans l'autre, des publics pour un jour.

Les publics de la télévision cérémonielle peuvent certes bénéficier d'une longévité plus significative, devenir de « véritables » publics. Tels sont les Israéliens qui manifestent pour l'application des accords d'Oslo, ou les Polonais paisibles qui sortent dans les rues à la suite de la visite de Jean-Paul II, « défiant l'État-parti, de façon massive, résolue, et pourtant suprêmement pacifique[26] ». Mais la télévision n'a servi ici que de relais, de langage provisoire du politique. Ces publics sont bien des publics, mais ils n'ont été que passagèrement, et ne sont plus, ceux de la télévision.

Un constat d'échec ?

Peut-être les recherches sur la télévision devront-elles se tourner vers de nouveaux objets ; procéder, comme Michel de Certeau ou Arjun Appadurai, à la rédemption de la consommation ? Entreprendre, comme Roger Silverstone, une anthropologie de la domesticité urbaine ?

Parti à la recherche d'un public qui soit propre à la télévision, je dois pour le moment conclure sur un constat d'échec. J'ai certes trouvé des audiences, je n'ai pas trouvé de publics. Le seul public que j'aie rencontré est le *publicum in fabula*, le public que l'on trouve figuré dans le texte même des émissions ; celui que l'on invite à jouer son propre rôle sur les plateaux.

La fonction d'un tel public se trouve loin d'être négligeable. C'est en effet à l'aide de tous ceux que l'on fait intervenir à titre d'experts ou de porteurs d'expériences que se construit un cadre participatif. Celui-ci peut être un puissant instrument pédagogique. Si la notion de public renvoie, comme je l'ai suggéré au début de cet article, à l'existence d'un ensemble de performances normatives, il faut bien que ces normes s'apprennent. La télévision serait alors le lieu idéal d'une telle socialisation. Hélas, l'apprentissage a rarement lieu. La télévision ne sert pas ici de précepteur ; mais, comme le dit très bien Dominique Mehl[27], elle est une « télévision miroir ». Dans ce miroir, des audiences contemplent d'autres audiences. Faut-il se résigner au silence des publics ?

NOTES ET BIBLIOGRAPHIE

Ce texte reprend et articule plusieurs thèmes abordés dans des essais précédents (Daniel Dayan 1992, 1996, 1998). Il correspond à un travail en cours, dont des extraits ont été présentés au colloque « Peut-on apprendre à voir ? », Paris, juin 1998 ; au colloque franco-allemand « Nouvelles recherches sur les publics, en France et en Allemagne », Munich, novembre 1998 ; au colloque « As ciencias da comunicaçao na viragem da seculo », Lisbonne, mars 1999.

1. Daniel Dayan et Elihu Katz, *La Télévision cérémonielle, anthropologie et histoire en direct*, Paris, Presses universitaires de France, coll. « La Politique éclatée », 1996.
2. Michel Gheude, « La Réunion invisible » in Isabelle Veyrat-Masson et Daniel Dayan, *Espaces publics en images*, Paris, Presses du CNRS, coll. « Hermès », n° 13-14, 1994.
3. Walter Benjamin, « L'Œuvre d'art à l'âge de la reproduction mécanique », 1936, in *Essais II, 1935-1940*, Paris, Denoël, 1971-1983.
4. Jürgen Habermas, « L'Espace public, trente ans après » in « Les Espaces publics », *Quaderni*, automne 1992.
5. John Langshaw Austin, *How to Do Things with Words*, Oxford, Clarendon Press, 1962.
6. Luc Boltanski, *La Souffrance à distance*, Paris, Métailié, coll. « Leçons de choses », 1993.
7. Sabine Chalvon, « La Mesure du public : approche généalogique de l'audience télévisuelle », *Quaderni*, n° 35, printemps 1998.
8. Sabine Chalvon et Paul-André Rosental, « Une démographie des comportements volatils : l'émergence de la microanalyse dans les mesures d'audience », *Quaderni*, n° 35, printemps 1998.
   Ibid.
9. Sabine Chalvon, *op. cit.*
10. Pierre Sorlin, « Le Mirage du public », *Revue d'Histoire moderne et contemporaine*, n° 39, 1992.
11. *Ibid.*
12. Sonia Livingstone, « Le Modèle texte-lecteur », présentation au colloque *Télévision, public, réception*, Paris, Centre Pompidou, 1990. Voir aussi Daniel Dayan, « Les Mystères de la réception » in *Le Débat*, n° 71, 1992.
13. Eliseo Veron, *La Sémiosis sociale ; fragments d'une théorie de la discursivité*, Paris, Presses universitaires de Vincennes, 1988.
14. John Fiske, « Audiencing : a Cultural Studies Approach to Watching Television », *Poetics*, n° 21, 1992.
15. Sonia Livingstone et Peter Lunt, « Un public actif, un téléspectateur critique », in Daniel
16. Dayan, *À la recherche du public*, Paris, Presses du CNRS, coll. « Hermès », n° 11-12, 1992. Daniel Dayan, *À la recherche du public*, *ibid.* Voir aussi Daniel Dayan et Elihu Katz, *op. cit.* ;
17. Daniel Dayan, « Le Double Corps du spectateur », in Jérôme Bourdon et François Jost, *Penser la télévision*, Paris, Nathan, 1998.
18. John Hartley, « Invisible Fictions, Paedocracy, Pleasure », *Textual Practice*, vol. I, n° 2, 1987. Voir aussi John Hartley, « The Real World of Audiences », *Critical Studies in Mass Communications*, septembre 1988.
19. David Morley, *The Nationwide Audience*, Londres, BFI, 1980.
20. Dick Hebdige, *Subculture, the Meaning of Style*, Londres, Methuen, 1979.
21. Dominique Pasquier, *La Culture des sentiments*, Paris, Éditions de la Maison des sciences de l'homme, 1999.
22. Daniel Dayan & Elihu Katz, *op. cit.*
23. *Ibid.*
24. James Carey, « Political Ritual on Television », in James Curran et Tamar Liebes, *Media, Ritual, Identity*, Londres, Routledge, 1998.
25. Todd Gitlin, « Illusions of Transparency, Ambiguities of Information, Notes on the Globalization of Fugitive Communities », in Tore Slatta, *Media and The Transition of Collective Identities*, Oslo, University Press, (IMK Reports Series), 1996.
26. Timothy Garton Ash, *The Magic Lantern, the Revolutions of 89' Witnessed*, New York, Random House, 1990.
27. Dominique Mehl, *La Fenêtre et le Miroir*, Paris, Payot, 1992.

On peut consulter aussi :
* Éric Macé, « La Télévision du pauvre : la participation du public », in Daniel Dayan, *À la recherche du public, op. cit.*
* Dominique Boullier, *La Conversation Télé*, Rennes, LARES, 1987.
* Daniel Dayan, « Madame se meurt – Le jeu des médias et du public », *Quaderni*, n° 38, printemps 1999.
* Elihu Katz, « L'Origine d'un paradigme : le programme de Gabriel Tarde », in Daniel Dayan, *À la recherche du public, op. cit.*

L'EXPRESS

M 1722 - 1895 - 18,00 F

SPORT
LE TRIOMPHE DES FEMMES

SIDA
LES VÉRITÉS
QU'ON VOUS CACHE

3791722018004   18950

OCTOBRE-5 NOVEMBRE 1987 — SECTION 3

Comment transmettre au public l'information biomédicale?

ENTRETIEN AVEC LE PROFESSEUR HENRI ATLAN
PROPOS RECUEILLIS PAR BERNARD HUCHET

Les relations régulières qu'entretient le milieu de la recherche biologique et médicale avec les principaux supports d'information connaissent depuis quelques décennies des mutations qui ne laissent pas d'inquiéter les spécialistes, et qui rendent nécessaire une vaste réflexion éthique sur les modalités qui gouvernent, ou devraient gouverner, la diffusion dans le grand public d'une information scientifique de qualité.

S'étant lui-même saisi de la question dans le courant des années quatre-vingt-dix, le Comité consultatif national d'éthique a voulu mettre en lumière les principes généraux d'une « crise naissante » de l'information scientifique, et moyennant une enquête approfondie, tant du côté des chercheurs qu'auprès des responsables d'organes médiatiques, lui proposer quelques remèdes spécifiques[1].

Nous souhaitons ici condenser en quelques pages ce propos, après avoir délibérément posé qu'il existe un véritable impératif démocratique d'informer le grand public des perspectives et des résultats de la recherche biologique et médicale, mais que la bonne circulation de cette information requiert de tous les maillons de la chaîne une vigilance particulière, compte tenu de la gravité des problèmes humains traités.

Il n'est plus besoin de statistiques pour constater l'engouement croissant du grand public pour l'information scientifique, ou du moins pour ce que l'on désigne du terme, trop souvent et injustement dévalué, de « vulgarisation scientifique ». La multiplication des revues et des émissions de télévision qui proposent des explications scientifiques ou des informations pratiques sur divers problèmes de la vie quotidienne (le mal de dos, l'obésité, la tabagie) suffit à démontrer qu'il existe un besoin d'information collective, essentiellement différente de celle que peut recueillir individuellement, pendant une consultation, le patient qui recourt aux services de son médecin. Mais cet aspect de la transmission d'informations médicales, qui confine à la pédagogie de traitements aujourd'hui confirmés par l'expérience, ne pose que rarement des questions d'éthique.

En revanche, à cette information de caractère généraliste, qui vise des problèmes ordinaires provoqués par les pratiques sociales ou professionnelles, s'ajoutent plus ou moins régulièrement des communications plus spécifiques, portant sur les progrès accomplis par la recherche médicale, et qui participent d'une certaine spectacularisation de cette recherche. Ce phénomène est parfaitement justifié dans son principe, ne fût-ce que par l'importance des efforts financiers que la collectivité consacre à la recherche, et par l'obligation qui en découle pour les chercheurs de rendre publics les résultats obtenus. Mais le principe ne résout pas les questions de capacité des informateurs – journalistes ou chercheurs eux-mêmes – à transmettre, et du grand public à recevoir de telles informations, généralement complexes et d'interprétation difficile, pas plus qu'il ne légitime n'importe quel traitement de l'information scientifique.

Il importe en effet de souligner dès à présent que ce type d'information, non moins appréciée de ses destinataires que la précédente, se présente isolément, à la faveur de certaines avancées scientifiques qui viennent, dit-on, de se produire, et qu'elle rejoint ainsi la logique de l'information généraliste, faisant dans l'urgence participer le public aux progrès de la science comme au déroulement d'un match de football ou aux tractations politiques en vue d'un prochain remaniement ministériel.

Cette comparaison est d'autant plus pertinente que certains problèmes scientifiques, dès lors qu'ils comportent pour la santé publique des conséquences directes, prennent rapidement la tournure de véritables « questions de société », voire d'affaires d'État, qui mêlent indissolublement des éléments scientifiques et des prises de position politiques, rendant ainsi l'information spécialisée tributaire d'enjeux et de systèmes d'expression qui lui sont par nature étrangers.

On doit malheureusement constater que cet alignement de l'information scientifique sur le régime de l'information générale entre alors en contradiction avec les conditions normales de sa production et de sa diffusion, et que des risques accrus de déformation ou de dénaturation de cette matière complexe se font jour.

En effet, les circuits ordinaires de l'information médicale ou biologique font intervenir dans un premier temps deux considérations essentielles : d'une part que tout « événement » dans le domaine de la recherche est nécessairement lié à l'ensemble d'une discipline, à son historique et à son environnement, et qu'on ne peut l'apprécier que relativement à cet ensemble ; et d'autre part, qu'avant de se voir diffuser largement, toute information de ce type devrait être validée par une instance collective interne à l'institution scientifique : c'est le rôle que jouent par exemple les « comités de lecture » des grandes revues scientifiques. Cet aspect du contrôle préalable par ses pairs constitue pour le chercheur une garantie de fiabilité dans sa recherche, malgré les imperfections du système ; il donne à l'information dont il est porteur une certaine légitimité qui permet de lui donner la publicité qu'on juge opportune.

Or, les pratiques d'information que nous avons rapidement évoquées ci-dessus tendent à s'affranchir des systèmes de validation propres à l'institution scientifique, à la faveur d'une course à l'information qui trouve des adeptes autant chez les journalistes qui veulent répandre des informations spectaculaires que chez certains scientifiques dont les motivations peuvent être nombreuses : recherche de notoriété personnelle, volonté de faire pression sur les décideurs financiers pour obtenir les moyens de poursuivre leurs recherches, désir de prendre l'avantage sur certaines équipes concurrentes, etc. Cette tendance à court-circuiter les validations traditionnelles n'est d'ailleurs pas nécessairement le résultat d'un calcul délibéré : elle prend une vigueur naturelle dans les nouveaux usages de communication entre chercheurs que facilite le développement du réseau planétaire, et qui font circuler au même titre, sans réelle possibilité de distinguer leur statut, des informations vérifiées et de simples documents de travail présentant des hypothèses encore incertaines.

Aussi n'est-ce pas sans un certain embarras qu'il faut aujourd'hui pointer de multiples déviations qui ne peuvent entraîner que la généralisation d'une information scientifique insuffisamment fondée, traitée superficiellement, et dont l'effet sur le public est désastreux – d'autant plus qu'il est pratiquement impossible de communiquer à l'opinion publique, une fois qu'une annonce erronée lui a été transmise, les correctifs que la situation rendrait nécessaires. Mais c'est naturellement sur les causes de ces pratiques d'information que nous devons aujourd'hui nous interroger, pour formuler ensuite quelques recommandations pratiques, que nous croyons susceptibles d'enrayer un processus de détérioration de l'information scientifique, et à terme sans doute une lente désagrégation des capacités de la recherche biologique et médicale.

Et pour commencer par les producteurs de l'information scientifique eux mêmes, comment expliquer la multiplication de certains comportements désignés depuis 1993 sous le terme d'« inconduite scientifique » (*scientific misconduct*) ? Il semble bien que des mutations d'ordre économique ont affecté en profondeur le secteur de la recherche, et que ce n'est plus par simple éthique professionnelle que les chercheurs jugent nécessaire de rendre publics les résultats de leurs travaux. En effet, la multiplication des axes de recherche, l'accroissement considérable de leurs coûts de revient et surtout les bénéfices qu'on peut attendre des progrès réalisés dans le domaine médical ont progressivement transformé la recherche en un terrain de compétition quasi commerciale, où l'on doit sans cesse rechercher la performance et l'exploit pour déclasser les concurrents.

Dans cette perspective, et pour mieux servir les intérêts financiers qui permettront d'approfondir les recherches en cours, l'information devient une arme dont l'efficacité se mesure à sa rapidité : vite produite, vite transmise, aussitôt reçue par l'opinion publique, elle glisse imperceptiblement de son statut initial de communication scientifique à la pure et simple publicité, puisqu'elle est d'abord conçue pour assurer à son producteur un avantage économique sur ses concurrents. Cette pratique va de pair avec une tendance plus générale qui scandalise et inquiète une partie des milieux scientifiques, et qui voudrait voir dans l'objet de la recherche une marchandise en tout point semblable aux autres : la liaison organique entre la valeur boursière de compagnies de biotechnologies, notamment celles à capital-risque dites « start-up », et les résultats positifs ou négatifs de projets de recherche et développement initiés par des chercheurs appartenant à ces compagnies, est une inquiétante source de perversion des pratiques traditionnelles d'honnêteté et de véracité dans la publication scientifique professionnelle.

D'ores et déjà, il est à peu près certain que ce remodelage économique du milieu de la recherche comporte de graves conséquences en matière de crédibilité de l'information médicale et biologique : lorsqu'on voit, par exemple, des chercheurs créer leur propre structure de production pour exploiter à leur profit les acquis de leur recherche, on ne peut manquer de s'interroger sur la pertinence et l'exhaustivité des informations qu'ils ont fait circuler — voire sur la crédibilité de certains « comités de lecture » dont ils font partie, au sein de revues spécialisées pourtant réputées jusque-là pour leur qualité.

Cette évolution produit aussi un effet en retour sur les différents acteurs des médias qui se donnent pour tâche de diffuser dans le public l'information scientifique. Dans un schéma que l'on pourrait qualifier de traditionnel, certains journalistes, considérés comme spécialisés dans les problèmes de la médecine ou de la biologie, se chargeaient de sélectionner pour les colonnes de leurs journaux – ou les émissions de leur chaîne de télévision –, dans la vaste production des revues scientifiques, quelques thèmes à porter à la connaissance du public, selon des critères évidemment variables, mais qui sous-entendaient a priori que la qualité scientifique de l'information n'était pas discutable, non plus que l'autorité de sa source.

Encore devrions-nous énumérer ici beaucoup de mécomptes ou de malentendus qui ont affecté ce mécanisme de traitement de l'information scientifique, et qui peuvent tenir au degré de spécialisation et de connaissances des journalistes scientifiques, aux préjugés qu'ils véhiculent eux-mêmes sur les capacités de compréhension de leur public, et bien sûr aux modalités de « traduction » de l'information, dès lors qu'elle doit s'adresser à ce public. La seule question du vocabulaire employé à cette fin pourrait fournir la matière d'un important *Syllabus* où figureraient d'énormes erreurs d'interprétation des données scientifiques, susceptibles d'occulter ou de déformer aux yeux du public la portée véritable d'une information. Et surtout, comme nous l'avons déjà signalé ci-dessus, isoler, pour des raisons de commodité rédactionnelle, une information de son contexte historique et scientifique revient à priver le public auquel s'adresse le message de clés indispensables à sa pleine compréhension.

Mais les journalistes, confrontés au développement de l'« inconduite scientifique » dont nous avons esquissé les caractères, se voient confortés dans une tendance professionnelle que d'autres rédacteurs du présent livre ont également perçue : à la simple fonction de transmission d'une information savante, dont les médias n'étaient que le relais, succède, à la faveur d'un épanouissement du journalisme d'investigation, la conviction qu'une forme d'expertise journalistique doit se superposer, voire se substituer à la parole scientifique autrefois considérée comme source indiscutable. C'est ainsi que l'on voit certaines rédactions dépêcher dans les colloques scientifiques des journalistes censés y recueillir une information brute, évaluer sa qualité et la diffuser selon des critères de jugement qui leur sont propres, manifestant de la sorte une autonomie croissante vis-à-vis de l'institution scientifique. Il n'aurait guère été concevable qu'une telle évolution pût se produire si le milieu scientifique lui-même avait su conserver la maîtrise de ses circuits d'information, et maintenir la crédibilité de ses instances de contrôle interne.

C'est assez dire qu'on ne saurait conclure trop vite à la responsabilité unilatérale des uns, ou des autres : dans un emballement des processus que nous décrivons, et dont l'interaction renforce visiblement les travers, les torts sont largement partagés entre les divers participants. Qu'il soit conforme à l'intérêt particulier d'un chercheur de pratiquer une certaine forme de publicité, voire de contre-information, n'implique pas nécessairement que des journalistes complaisants lui prêtent la main ; et quand même une convergence d'intérêts se dessine entre producteurs d'information et journalistes, il n'est pas obligatoire que leurs efforts conjoints trouvent un large écho dans le public : si le mécanisme fonctionne, c'est parce que les différents plans de son fonctionnement sont dépourvus des dispositifs élémentaires de sécurité que pourrait constituer, ici et là, une déontologie plus ferme et plus adaptée, et là encore, un jugement critique plus sûr. Chacun de nous pourrait ainsi prendre part au combat qui s'impose contre cet important phénomène de dévoiement de l'information médicale et biologique, déjà considéré par certains spécialistes comme « un problème majeur de civilisation[2] ».

Quand bien même la situation décrite peut être, à bon droit, considérée comme grave, nous avons eu le réconfort de recenser parallèlement les réactions qui se produisent de toutes parts, et qui laissent espérer que les scientifiques, tout autant que les journalistes, sont conscients des risques encourus dans l'exercice de leurs attributions respectives. Mais il est à craindre que ces prises de conscience individuelles, faute d'instances fédératrices, ne constituent que les dernières manifestations d'une vertu sur le déclin, et nous estimons que seuls des mécanismes collectifs seront capables de restaurer durablement la qualité et la crédibilité de l'information biomédicale.

Bien sûr, il appartient d'abord à chacune des corporations en cause de mieux définir sa propre déontologie, et de se pourvoir de moyens efficaces pour sanctionner les contrevenants. Cette première évidence doit convaincre sans difficulté les scientifiques attachés à faire avancer la recherche au sein d'une communauté régie par des règles de bon sens, et dont une véritable tradition savante garantit le fonctionnement. À cet égard, il faut toutefois nous interroger sur les lacunes que comporte aujourd'hui la formation des jeunes chercheurs, souvent peu curieux de l'histoire de la recherche et donc moins sensibles qu'il ne faudrait à la nécessité d'une mémoire collective, pourtant fondatrice des règles de bonne conduite communautaires. La pratique évoquée ci-dessus de validation interne de l'information par des instances reconnues en la matière, et donc de diffusion progressive de cette information au-delà du cercle de ses producteurs, demeure en l'occurrence la plus essentielle de ces règles.

Mais l'univers des médias ne manque pas d'abriter un souci parallèle, et pour des raisons analogues : pour les journalistes aussi, le respect de consignes déontologiques est un principe indispensable au fonctionnement normal de leur communauté. Le journalisme scientifique doit se prescrire des règles intangibles, plus encore que d'autres secteurs de l'activité média-tique, en raison de l'extrême gravité des objets qu'il aborde, et de l'importance accordée par le public à des informations qui intéressent l'être humain dans ce qu'il a de plus précieux : sa vie et sa santé. Pour la même raison, des efforts doivent être poursuivis pour donner aux journalistes spécialisés dans les sciences de la vie une formation qui soit à la mesure de leurs missions.

Mais divers éléments caractéristiques de l'« inconduite scientifique » se placent au-delà du ressort de la déontologie corporative stricte : de nombreux dérapages se produisent en raison des rapports qu'entretiennent les scienti-fiques et les journalistes, et de l'intérêt que présente, pour les uns comme pour les autres, une exploitation incontrôlée de ces rapports. C'est pourquoi le Comité consultatif national d'éthique appelait de ses vœux le développement d'actions regroupant les deux corporations, et notamment la constitution d'une commission paritaire consultative, autorité morale (et non réglementaire) composée de personnalités issues de la recherche et des responsables de médias, et dont le rôle serait de susciter et d'orienter les réflexions communes portant sur l'information scientifique.

Cette position découle assez logiquement de l'analyse de la situation présente, et de ses dysfonctionnements. Il ne peut être question d'échapper à la constatation qu'en termes de dégradation de l'information biomédicale, les responsabilités sont très largement partagées – mais aussi que chercheurs et journalistes sont collectivement conditionnés par un système de pressions, notamment économiques et financières, dont les exigences peuvent aller à l'encontre de leurs déontologies respectives. C'est donc en s'unissant dans la reconnaissance d'une responsabilité partagée, mais aussi contre leurs handicaps communs, qu'ils trouveront les moyens de faire primer leur souci d'authenticité, de sincérité et de respect du public.

Car en définitive, le public demeure bien l'objectif ultime de cette information. Il est aussi l'un des acteurs en présence, même si l'on est parfois tenté de réduire son rôle à la consommation passive d'une information déjà dégrossie pour être mise à sa portée. Lui aussi pourrait formuler d'autres exigences, exercer sur l'ensemble des maillons de la chaîne des pressions qui tendraient à maintenir la qualité des informations et des échanges professionnels. Une telle intervention du public suppose que soit d'abord envisagée la formation d'un jugement critique à grande échelle, selon des modalités que l'instance paritaire évoquée ci-dessus pourrait également proposer aux pouvoirs publics. La pratique de « conférences de consensus », réunissant de façon contradictoire experts et « profanes », expérimentée à propos des débats sur les OGM, indique peut-être un chemin à suivre.

En conclusion, nous ne pensons pas que cette proposition du Comité consultatif national d'éthique cherche à placer sous un contrôle arbitraire, et par essence discutable, toute tentative d'information provenant des chercheurs : il est plutôt question, dans l'esprit de ses promoteurs, d'instaurer un dialogue constructif et volontaire, menant à de véritables politiques de partenariat entre les milieux de la recherche, les médias et le grand public dont l'opinion est décisive en démocratie, en vue de conjurer par la prévention et le débat public les graves périls que rencontre aujourd'hui la diffusion de l'information biologique et médicale.

---

1. Comité consultatif national d'éthique : Avis n° 45 sur les questions éthiques posées par la trans-mission de l'information scientifique relative à la recherche biologique et médicale... Rapport de décembre 1994 et compléments au rapport, du 31 mai 1995. Le rapport a été publié dans les *Cahiers du Comité consultatif national d'éthique*, n° 4, juillet 1995.
2. Selon le professeur Jean-Paul Lévy, directeur de l'Agence nationale de recherche sur le Sida.

TOUR DE FRANCE, 1997 ; © BERTRAND DESPREZ/AGENCE VU

Le sport bouleversé par l'image

GEORGES VIGARELLO

Professeur à l'université de Paris V_Directeur d'études à l'EHESS

Le Tour de France de 1903 est à plusieurs titres un « modèle » de rentabilité : il introduit aux exploitations financières du sport actuel, même si l'image télévisée a produit un nouvel univers. Un mécanisme économique bien précis y est mis en place avec le financement de l'épreuve par le journal *L'Auto* : faire de la course un marché, provoquer un flux d'argent et d'intérêt. Le profit y est double. Aux lecteurs, le journal raconte la course, celle que le spectateur du bord des routes ne peut voir qu'un instant : il donne sens et unité à un spectacle, il reconstruit la durée, relie des épisodes, échafaude une dramatique. D'où la curiosité et l'attrait. D'où les ventes accrues. Aux publicitaires, le journal apporte des cibles captives : occuper les pages d'un média, atteindre un public élargi. D'où de nouvelles recettes. Le résultat dépasse les attentes, le journal progresse brusquement de vingt mille exemplaires par jour à plus de soixante mille à la fin de l'épreuve, avant d'atteindre le demi-million en 1924. L'entreprise correspond, d'évidence, à la transformation de la presse populaire comme à la transformation du sport au début du xxᵉ siècle. Elle recompose la scène des défis physiques, elle impose, à partir d'elle, de nouveaux profits.

Cette mécanique financière se prolonge aujourd'hui avec la télévision : les chaînes tiennent le rôle que tenait auparavant le journal. Elles aiguisent l'attrait d'un spectacle en même temps qu'elles le vendent. Elles en démultiplient les effets : outre qu'elles donnent plus de vie aux chroniques du journal ou de la radio, jusque-là seules susceptibles de retracer les aléas des épreuves hors des enceintes des stades, elles intensifient les procédures de l'exploitation publicitaire, elles étendent leurs cibles au-delà des continents. Aucun doute, le résultat s'est imposé : une firme peut multiplier par dix ou par vingt sa durée d'occupation de l'écran en entretenant une équipe du Tour de France plutôt qu'en engageant, pour la même somme, une campagne publicitaire classique ; la ville de Marseille aurait dû dépenser 467 millions de francs de publicité en 1991 si elle avait voulu atteindre le même niveau de notoriété en l'absence du club de football[1] ; la vente des seules images des jeux Olympiques transforme en multinationale prospère le Comité international olympique (CIO), pourtant longtemps gardien d'un amateurisme crispé.

Cette mécanique suppose, autant le dire, plusieurs conditions historiques. Il fallait un intense accroissement du temps libre pour rendre le citoyen disponible au spectacle sportif et à la télévision. Il fallait une intense souplesse de l'image pour rendre sa diffusion planétaire et instantanée. Impossible, autrement dit, d'envisager ces pratiques en dehors des sociétés d'aujourd'hui : celles d'un total renouvellement des loisirs, celles d'un total renouvellement des techniques. Mais l'aboutissement ne se limite pas au seul bouleversement du marché, il s'étend au bouleversement du spectacle lui-même. Le dispositif est central, atteignant de proche en proche la pratique sportive, ses gestes, son espace, son temps, au point de les transformer : l'image, pour être mieux montrée, finit par déplacer et recomposer ce qui est à montrer. C'est, du coup, une double métamorphose que cette image provoque : la reformulation du gain, la reformulation du jeu. C'est aussi, au bout du compte, l'identité et le contenu du sport qui peuvent en être transformés.

Le coût de l'image

Il faut d'abord mesurer l'importance majeure des sommes engagées : en 1974, l'ORTF versait 500 000 francs au football français ; en 1984, TF 1, A 2 et FR 3 dépensaient 5 millions de francs ; en 1990, les chaînes françaises ont versé 230 millions[2] ; alors que Canal + et Télévision par satellite (TPS) ont engagé pour les cinq ans à venir une somme de 8,7 milliards de francs[3]. Les chiffres, en quelques années, ne peuvent quasiment plus se comparer. Investissement tout aussi massif pour les chaînes étrangères : « La chaîne américaine NBC aura dépensé 1,67 milliard de dollars en huit ans pour retransmettre successivement les Jeux de Séoul (1988), de Barcelone (1992) et d'Atlanta (1996)[4] » ; les droits exclusifs de télédiffusion des jeux Olympiques sont passés de 34 862 dollars pour l'ensemble des pays en 1976 à plusieurs milliards de dollars en 2000, dont 54 millions pour les seules chaînes françaises[5]. Ce qui impose, dans bien des cas, la télévision comme source première de financement du sport : les droits de retransmission représentaient par exemple 1 % des recettes du football en 1980, ils en représentent 30 % aujourd'hui, loin devant les sponsors (13,6 %), le public (13,2 %) et les collectivités territoriales (7,9 %)[6]. Un constat chiffré a ici accentué l'investissement dans la retransmission. La crainte de « vider les stades[7] » avec la diffusion des images s'est révélée très vite illusoire : la fréquentation des stades a crû de 30 % en quinze ans alors que les retransmissions étaient multipliées par dix[8]. Autant dire que l'avenir des grands clubs passe largement par les droits de retransmission, réduisant les supporters à l'état de dinosaures vaguement encombrants.

L'investissement des sponsors est à la hauteur des sommes précédentes. Le budget de communication d'Adidas est passé de 50 à 500 millions de francs entre 1995 et 1998. Le budget de parrainage de Coca-Cola France a doublé entre 1990 et 1998, alors que celui de la Seita passait de 76 à 100 millions de francs[10]. Le seul programme TOP III a permis au CIO de récolter 600 millions de dollars entre 1993 et 1996, les dix partenaires mondiaux composant l'élite de ce programme (notamment IBM, Kodak, Visa, Matsushita, Xerox et Coca-Cola) versant un ticket d'entrée de 40 millions de dollars pour devenir les sponsors privilégiés du monde olympique[11]. Plus modestes sont les investissements locaux, mais tout aussi révélateurs, liés davantage aussi à l'engouement social et aux phénomènes identitaires que provoque le sport. Limoges, par exemple, récemment malade de son basket après de graves errances de gestion, trouve, sans trop de difficulté, les sponsors capables de sauver le club : « Si le basket trébuche, dit l'un d'entre eux, c'est toute la ville qui boîte, un très mauvais coup pour le moral[12] ». D'où cette conclusion de Jean-Pierre Karaquillo, fondateur du centre de droit et d'économie du sport à l'université de Limoges, qui en dit long sur les transformations de la visibilité du sport : « Le véhicule de communication le plus puissant est le sport. Donner au basket est une forme de sponsoring public. Combien ça coûte ? Il faudrait surtout se poser cette question : combien ça rapporte[13] ? »

Encore faut-il mesurer les inégalités immédiatement visibles provoquées par l'image. Quelques sports privilégiés (moins de dix) représentent à eux seuls 90 à 95 % des plages d'antenne sportive[14]. Alors que parmi les cinq sports faisant le plus d'audience, certains d'entre eux, comme la Formule 1, demeurent fort peu pratiqués[15]. C'est le football qui, de loin, demeure le plus avantagé. C'est du football que Canal + tire la plus large part de son succès[16] ; ce sont les clubs de football qui drainent la plus grande part de l'argent investi : leur budget est « 7 fois supérieur, pour un même niveau de compétition, à celui d'un club de basket et 32 fois supérieur à celui d'un club de volley[17] ». Inégalité qui divise d'ailleurs les clubs de football eux-mêmes : le nombre de matchs diffusés pour certaines équipes après 27 journées de championnat, en 1999–2000, peut aller de 23 à 1[18]. Le club le plus « retransmis », Marseille, est loin d'être le premier au classement du championnat[19]. Ce qui révèle encore l'étonnant mélange de causes conduisant à la retransmission, dont toutes ne sont pas exclusivement sportives. Ce qui confirme aussi cette parole du président de TF1 en 1991 : « L'Olympique de Marseille est une star de TF1. Et comme toutes les stars de TF1, elle mérite un traitement particulier[20]. »

Au-delà de ces différences budgétaires rendant le monde du football totalement étranger à celui de la lutte ou du tir à l'arc, il est impossible d'imaginer de tels investissements sans des conséquences extra-financières : la politique de l'image agit nécessairement sur l'image du sport.

L'infléchissement des pratiques

La pression du média est telle ici qu'il exerce une inévitable influence sur le sport retransmis et sur les représentations que s'en font les usagers. La télévision peut agir sur les pratiques exactement comme elle peut agir sur les

« images du sport ». Les règles sportives, par exemple, peuvent insensiblement changer avec les contraintes des retransmissions. Rendre le tennis susceptible de spectacle télévisé, c'est pouvoir mieux gérer la durée des parties.
Éviter en particulier la dispute sans fin des deux points d'écart dans un jeu.
Le match ne doit-il pas occuper des programmes bien délimités et toujours
prévisibles ? D'où l'invention du *tie-break*, où le jeu contesté est prolongé
jusqu'à la limite fixe de 10 points. Une solution identique a été adoptée au
volley. Toutes propositions qui changent les tactiques et les techniques
(l'importance du service, entre autres, qui croît avec le *tie-break* au tennis).

L'alpinisme, également, peut se transformer, rendu plus visualisable et plus
compétitif par la « grimpe » pratiquée dans des salles couvertes sur des parois
aux matériaux de synthèse et aux parcours programmés. Ou le patinage
encore, privilégiant brusquement les figures libres au détriment des figures
imposées, pour accroître le spectaculaire et le vertige de l'image télévisée. Ou
le football américain : nouvelles mi-temps de 30 minutes pour mieux
maîtriser et découper les durées, nouvelles règles pour accélérer le rythme
de jeu, accroître le suspense, mais encore permettre des arrêts favorables aux
plages de publicité[21]. Autant dire qu'une multiplication des mi-temps comme
une clarification visuelle des règles demeurent à l'horizon des réflexions pour
mieux rendre l'image exploitable.

La télévision agit tout autant sur les horaires et les calendriers orchestrant le
temps pour mieux rationaliser les images. Ce qu'illustrent plus que d'autres les
sports aux États-Unis : « Les *bowls* se jouent les uns après les autres, quatre les
premier janvier, les autres dans les deux semaines qui suivent, avec le
Super-Bowl en dernier. Pour obtenir un public maximal, la télévision a fait
que les grandes rencontres de base-ball se déroulent la nuit au mépris de la
tradition[22]. » Il est devenu habituel, d'ailleurs, que nombre d'horaires d'épreuves
composent au mieux avec les fuseaux géographiques ou avec les heures des journaux télévisés, comme aux Jeux de Séoul en 1988, où plusieurs finales avaient
lieu le matin pour que les téléspectateurs américains puissent les voir le soir.

La vision du terrain, la vision de l'écran

Plus profondément, c'est l'image elle-même qui crée sa dynamique. C'est
qu'elle n'est jamais simple « retransmission », jamais simple réplique d'une
réalité. Elle plaît par la vue très spéciale qu'elle propose et l'émotion bien
particulière qu'elle promeut. Il faut comparer le regard du spectateur avec
celui du téléspectateur pour clairement le mesurer.

L'univers du marathon de Paris, par exemple, suivi à partir du bitume, et
celui suivi à partir de l'écran ne sont pas les mêmes. Passer de l'un à l'autre
provoque une impression étrange, celle d'une conversion obscure, incontrô-
lable – celle qu'éprouve le spectateur parisien grimpant quelques étages pour
saisir la télécommande après avoir quitté les coureurs : acteurs inchangés

mais objets bouleversés, course identique mais contenu différent. L'écran offre des données que le spectateur du trottoir ignore, il ignore en revanche des sensations que ce même spectateur cultive. La conséquence en est un massif déplacement d'objet. La course, vue du trottoir, commence avant la course : c'est d'abord le silence, une autre manière d'habiter la chaussée, la lente montée d'une attente accentuée par le passage des voitures officielles, rythmée plus tard par le bruit de l'hélicoptère surplombant les coureurs. La course, c'est ensuite le surgissement de quelques silhouettes minuscules dans un décor disproportionné : les hommes de tête, marathoniens déliés et furtifs, pressés par les motos suiveuses, rapidement disparus, suivis de loin en loin par d'autres groupes dispersés, évanouis aussitôt qu'entrevus. L'émotion tient à ce passage muet, au bruit deviné des souffles, à celui des foulées, à la tension visible dans ces corps affrontés : la fixité des regards, l'impassibilité des visages, les signes imperceptibles dans des bustes contigus. Professionnels patentés, ces premiers coureurs semblent aussi présents que distants, aussi déterminés qu'effacés.

La course, c'est encore l'interminable cohorte de ceux qui vont à leur rythme, émergeant plusieurs dizaines de minutes plus tard, loin des premiers, flottant entre les trottoirs, immense foule piétinante entremêlant les différences. Tout y est successif : les souffrances, les manières, les écarts. Tout y est tableau : les allures, les aisances, les tenues. L'épreuve se transforme en défilé massif et heurté : les foulées s'étriquent, les gestes se dispersent, les ralentissements s'éternisent. Des signes aussi, des échanges – gestes ou paroles – rapprochent les spectateurs des coureurs. Les indices se multiplient chez les anonymes proches de l'abandon, illustrant la difficulté de la course, les côtoiements sans fin, les affaissements, les pas mêlés aux foulées. Le temps devient espace : celui des intervalles et des douleurs. D'où cette transposition de la vision de la course dans la matérialité du terrain, les repères pris sur l'horizon de la rue, l'échelonnement des distances, les écarts définitifs inscrits dans la chaussée. Regarder du bord du trottoir, c'est assister à un passage et à une succession, multiplier les moments en multipliant les différences, c'est embrasser une masse mouvante, c'est imaginer des échappés et des poursuivants, des olympiens inaccessibles et des inconnus douloureux.

À l'écran, le spectacle est apparemment identique ; les thèmes, pourtant, y sont totalement redéfinis. Rien qui ne fasse ici vivre l'attente de la course, rien qui ne fasse éprouver le silence de la chaussée, rien qui ne restitue le bruit des souffles ou des foulées. L'écran ne suggère pas une ambiance de lieu, il ne s'attarde jamais, il suit les coureurs, et en particulier les premiers. La succession y est de part en part différente : non plus le renouvellement des poursuivants mais le renouvellement des sites, le défilement sans fin d'une avancée. La succession devient progression vue de l'écran, elle est régression vue de la rue. L'image télévisuelle se limite à la tête de course, entretenant le téléspectateur dans la proximité du premier, soulignant le lent étiolement des dominés comme les incessantes tactiques des dominants. Elle efface l'émotion du passage, celle de la fugacité, la conscience d'un infini de poursuivants. Elle annule aussi l'étrange sentiment de fragilité offert par des coureurs perdus dans un décor surdimensionné. Elle perd en densité pour celui qui regarde la chaussée ; elle multiplie les informations pour celui qui regarde la retransmission.

Cette image permet en particulier de suivre ce qu'aucun spectateur ne peut voir, scrutant foulée après foulée chaque moment d'un affrontement, matérialisant les durées dans des changements d'attitude, focalisant l'épreuve sur des décrochages, des changements de rythme, des dépassements. D'où le spectacle sans équivalent, dans le marathon de 1992, de Soarez revenant à la hauteur d'Ahmed Saleh, leader de l'épreuve jusqu'au dernier kilomètre. Saleh épuisé se retourne, veut accélérer, tente de parler à celui qui passe. En vain. Soarez le double sans un regard, sans un mot. Image cruelle et triomphante à la fois, elle saisit brusquement le téléspectateur, elle l'émeut, alors qu'elle est inexistante pour le spectateur, à l'exclusion de quelques privilégiés idéalement placés mais impuissants à la suivre. La caméra attachée au premier est ici souveraine. Comme elle l'est, en 1998, filmant Karbiga et Kolombo s'affrontant à quelques mètres de distance durant les derniers kilomètres, laissant longuement planer le retour du second, fabriquant un « suspense » largement étranger au simple spectateur. L'écran peut même se dédoubler, confronter les foulées de rivaux éloignés sur une image mise en miroir. Il ménage des ralentis pour mieux suivre une allure, des appuis, des faiblesses. La télévision joue avec l'espace jusqu'à utiliser des caméras sur plusieurs points de la course pour mieux comparer des rivaux, même si le choix demeure massivement, pour le marathon en tout cas, celui de la tête de course. La caméra raconte une histoire, elle ménage une suite d'épisodes, alors que le spectateur du bord des routes vit une ambiance et observe un passage. L'écran fabrique du récit.

L'écran et la logistique qui l'accompagne fabriquent surtout une autre dimension de la course, créant une épreuve dans l'épreuve : celle imaginée entre les courses d'hier et d'ailleurs, les marathons des autres villes, ceux de la même ville courus les autres années. Règles et contenu du jeu s'étendent alors comme s'étend un infini de chiffres : temps séparant premiers et poursuivants pour mieux supputer les chances de chacun, vitesse moyenne au kilomètre pour mieux comparer divers moments de la course, temps pris à chaque repère du parcours pour mieux comparer plusieurs courses entre elles. D'où ces questions renforçant immédiatement le spectacle : l'espoir des poursuivants est-il crédible ? Les coureurs d'ici vont-ils plus vite que ceux d'ailleurs ? Plus vite que ceux d'hier ? Leur temps sera-t-il le meilleur ? Chaque chiffre avive les comparaisons et les alertes. Chaque annonce renouvelle et renforce l'intérêt. L'attente se focalise très vite sur le record de l'épreuve indéfiniment évoqué par le commentaire, rue après rue, carrefour après carrefour. Le téléspectateur n'est plus plongé dans la foule mouvante, mais dans une indéfinie cohorte de références et de chiffres. Il joue à un nouveau jeu codé par les *incrust* courant sur l'écran : l'électronique et l'informatique ont tout simplement transformé les sports-spectacles en « activités à forte comptabilité[23] ».

Impossible alors d'ignorer le commentaire. C'est lui qui désigne l'ailleurs. Il conduit le *suspense*, voyageant dans les autres réalités, celle des courses précédentes ou des courses concurrentes, celle d'affrontements indéfiniment comparés. C'est lui qui évoque la « légende », l'espace mythique des meilleurs, ces héros que devrait retenir la mémoire sportive, les « premiers de tous les premiers », dont le coureur précisément suivi par la caméra pourrait à cette occasion faire partie. C'est même le commentaire qui fait l'enjeu des « bonnes » retransmissions. Il introduit l'espace et le temps sportif dans ce pour quoi ils sont faits : le monde du mythe, celui du récit, celui qui fait croire à des histoires et à des valeurs. Le commentaire collant ici à l'événement joue le rôle que joue traditionnellement le journal sportif en étant décalé par rapport à lui : raconter ce que le spectateur n'a pu voir, construire de l'imaginaire, ajouter à l'espace du sport celui des symboles.

De l'image du jeu au jeu avec l'image

Tout le montre, nos écrans sportifs créent insensiblement de nouveaux jeux. Ils multiplient la fébrilité et les défis en multipliant les comparaisons et les chiffres. Ils s'obligent aux techniques des jeux vidéos pour mieux captiver, faisant crépiter l'image de logos et de signes comme dans l'électronique et les consoles pour enfants. Ils accélèrent les liaisons entre plusieurs réalités, circulant entre les espaces et les temps, les faits et leurs représentations, ce qui est vu et ce qui est pensé. Insensiblement, leur dimension est étrangère à celle du seul terrain immédiat et tangible, autorisant des dédoublements, accentuant le symbole et l'imaginaire. Il faut reprendre cet ensemble de signes auxquels notre œil s'est habitué, alors qu'ils sont nés sans lui et qu'ils transposent la réalité.

La caméra confronte, autant le redire, à une sophistication intense : les temps courent sur l'écran, les références chiffrées s'accumulent, l'image se dédouble pour créer de l'ubiquité, l'image se ralentit pour offrir des détails, l'image se répète pour mieux souligner des moments. D'où l'existence d'une nouvelle compétence télévisuelle, une nouvelle façon de regarder le sport, et en définitive une nouvelle façon de l'apprécier. Les ressources du récit fondées sur une ressource des chiffres aussi : le *computer* indique, au basket, le nombre de paniers réussis par les joueurs au cours de la partie, au cours d'autres parties, le nombre de leurs fautes, celui de leurs coups francs ; le *computer* indique, au tennis, le classement du joueur, ses résultats au cours du tournoi, la vitesse de la balle au service, le nombre d'*aces* réussis, le nombre de fautes directes, le nombre de premiers services passés ; il indique, au football, le nombre de corners, celui des coups francs et des hors-jeu, celui des « cartons » distribués aux joueurs fautifs, le temps passé et le temps restant. La seule retransmission du cent mètres des Jeux d'Atlanta, couru en 9 secondes 84 centièmes, a occupé un temps d'images et d'antenne de 16 minutes 36 secondes, soit plus de cent fois la durée de l'épreuve, en « zooms », « ralentis », « reprises », diversification des angles, individualisation des prises de vue[24]. L'écran ne permet pas de voir mieux, il crée une nouvelle façon de voir. Il plonge directement aussi le téléspectateur dans le mythe, une histoire construite au-delà du jeu, faite pour celui qui regarde, excitante, séduisante, à laquelle ce même téléspectateur est complaisamment convié. Un mythe d'enfance bien sûr. Mais est-il toujours dérisoire ce mythe, même si son support n'est guère ici différent de celui des jeux vidéos ?

Serait-ce pour toutes ces raisons que les grandes épreuves sportives ne peuvent plus se passer de la présence d'un écran géant aidant les spectateurs à voir autrement ? Serait-ce pour toutes ces raisons que se constituent par ailleurs de nouveaux jeux vidéos à thèmes sportifs, dont certains permettent des compétitions avec trophées offerts aux vainqueurs ? Récompenses toutes symboliques par exemple pour le jeu de « Konami sport » et « Play-Station » de mars 2000, attribuant au gagnant un « voyage d'une semaine pour 2 personnes en Grèce, berceau des jeux Olympiques[25] ». Le sport ne peut plus se concevoir sans sa cohorte obligée d'images inspiratrices de nouveaux codes et de nouveaux jeux.

De l'obsession de la morale à l'obsession de l'image

Chacun mesure aujourd'hui les effets possibles de cette conquête du spectacle sur la morale sportive : la seule vente par le CIO des images de ses propres Jeux semble déjà le placer aux antipodes de l'amateurisme crispé du vieux baron. Le président du CIO, héritier institutionnel des vieilles harangues coubertiniennes, peut sans doute maintenir du bout des lèvres quelques références formelles : « Le sport olympique ne doit pas devenir un simple show-business[26]. » La parole en revanche ne peut, seule, commander aux faits, et la morale coubertinienne était elle-même déjà plus volontariste que clairement concrétisée.

Les gestionnaires d'entreprises de spectacles sportifs avouent à vrai dire volontiers aujourd'hui les « limites » précises de leur projet : « Notre but est de procurer des moments de bonheur au public comme n'importe quel spectacle de variétés[27]. » Les présentateurs avouent des préoccupations identiques. Guillaume Durand, par exemple, rénovateur des commentaires sportifs de la cinquième chaîne durant les années quatre-vingt : « Le sport, école de la vie, je trouve cela ridicule… Je crois qu'avant tout pour moi le sport est un plaisir[28]. » La mutation atteint, de fait, les gestionnaires de l'Olympisme eux-mêmes. Bien peu de « restauration » éthique et bien peu d'envolées lyriques dans leurs actes et attitudes actuels. Bien peu d'envolées lyriques aussi chez les très actifs défenseurs de la candidature parisienne aux JO de 1992, sinon pour affirmer qu'une telle organisation devait créer un « déclic en faveur du sport[29] », ou qu'il fallait « réinventer un Olympisme qui tienne compte des évolutions qui ont transformé le paysage de l'homme[30] ». Le groupe Quadrillage, publicitaire chargé de promouvoir la candidature d'Albertville, avait fondé quant à lui son slogan sur une allusion ironique au serment olympique. Jeu de mot autorisant un tranquille déplacement de sens : « L'Olympisme interdit aux amateurs[31]. »

Le réalisme s'est imposé contre le lyrisme, l'engagement professionnel contre l'engagement militant. C'est la confirmation d'un effacement de transcendance, un déplacement dont le champ culturel révèle aujourd'hui bien d'autres équivalents : la relative disparition des grands messages collectifs et des grands modèles, l'investissement dans le présent, en particulier, au détriment des attentes « visionnaires ». L'effacement, enfin, des projets moralisateurs. Ce qui, autant le dire, n'est pas a priori une « carence », mais plutôt l'apparition de nouveaux modes de consensus, plus implicites, plus pratiques aussi. Le développement des sociétés démocratiques : moins de quête fédératrice, moins d'unification volontariste. Le sport ne fait que souligner cette conversion, tout en illustrant sa réalisation encore récente. L'Olympisme n'a plus à délivrer de message pseudo philosophique. Il n'a plus à décréter de grandes « orientations ». Finis les longs développements eschatologiques ou sentencieux. Les propos se sont banalisés alors que le spectacle s'est démultiplié.

Une contradiction demeure pourtant au cœur du système, accentuée comme jamais par l'ascension du spectacle : l'image, pour être frappante et excitante, doit frôler les « excès » – ceux du dopage, ceux du risque physique, sinon de la violence, voire de la triche –, mais le sport pour être convaincant doit promouvoir une « propreté » – celle de l'égalité des chances, celle de la loyauté, celle de la santé. Il doit, pour créer l'adhésion, faire imaginer un monde impartial et contrôlé. Le sport ne saurait être réduit au cirque, tout comme le catch, chacun le sait, ne saurait prétendre au statut de sport. Le stade demeure même un des derniers bastions de perfection mythique dans un monde désenchanté. C'est ce qui fait tout son succès, c'est ce qui fait aussi toute sa fragilité si la logique de l'image devait, de part en part, l'emporter. L'image pousse ici à la triche, le mythe pousse à la vérité. L'image pousse au risque, le mythe pousse à la santé. Mais comment oublier que nombre de réponses, dans une enquête récente, avouent que « supprimer le dopage est impensable. Ce serait un retour en arrière, une perte de spectacle[32] » ?

L'improbable issue d'une telle contradiction tiendrait-elle au fait que les mythes ne sont jamais des vérités ?

1. Voir « Marseille profite à plein des millions de l'OM », *Le Monde*, 8 février 2000.
2. Éric Maitrot, *Sport et télé, les liaisons secrètes*, Paris, Flammarion, 1995, p. 358.
3. « Le Mariage de l'argent du sport et de la télévision… », *Le Monde*, 8 février 2000.
4. Éric Maitrot, *op. cit.*, p. 284.
5. Voir Wladimir Andreff et Jean-François Nys, *Le Sport et la télévision, relations économiques :
    pluralité d'intérêts et sources d'ambiguïté*, Paris, Dalloz, 1987, p. 116, et « Le Mariage de
    l'argent… », *Le Monde, op. cit.*
6. « Le Mariage de l'argent… », *Le Monde, op. cit.*
7. Bernard Poiseuil, *Voir Canal + l'aventure du sport, Entretiens*, Paris, Editoria, 1996, p. 274.
8. « Le Mariage de l'argent… », *Le Monde, op. cit.*
9. Éric Wattez, *Comment Adidas devient un des plus beaux redressements de l'histoire
    du business*, Paris, éd. Assouline, 1998, p. 274.
10. *La Lettre du sponsoring et du mécénat*, décembre 1999.
11. Éric Maitrot, *op. cit.*, p. 284.
12. « Ces villes que le ballon chavire », *Le Nouvel Observateur*, 10-16 février 2000.
13. *Ibid.*
14. Voir Wladimir Andreff, « L'Athlète et le marché », *Sport et télévision*, Actes du colloque de
    Valence, 1992, p. 60.
15. Voir Jean-François Nys, « Une logique capitaliste », *ibid.*, p. 65.
16. Bernard Poiseuil, *op. cit.*, p. 274.
17. « Le "sport-biz" s'engouffre dans la course au profit », *Le Monde*, 8 février 2000.
18. « Les équipes de D1 ne bénéficient pas toutes de la même couverture télévisuelle »,
    Le Monde, 9 mars 2000.
19. Après 27 journées de championnat, les matchs de Marseille ont été retransmis
    23 fois alors que le club est au même moment 13e, ceux de Monaco l'ont été 15 fois
    alors que le club est au même moment 1er, *ibid.*
20. Éric Maitrot, *op. cit.*, p. 329.
21. Voir Claude-Jean Bertrand, « Sports et médias aux États-Unis », *Esprit*, « Le nouvel âge du
    sport », avril 1987.
22. *Ibid.*
23. Paul Yonnet, *Systèmes des sports*, Paris, Gallimard, 1998, p. 67.
24. Voir Bernard Leconte, « Pour dix secondes d'éternité », *Communication*, « Le Spectacle du
    sport », 1998.
25. *Libération*, 17 mars 2000.
26. Juan Antonio Samaranch, cité par Vyv Simson et Andrew Jennings,
    Main basse sur les JO, Paris, Flammarion, 1992 (1re éd. anglaise 1992), p. 31.
27. Claude Bez, ancien président des Girondins de Bordeaux, interview dans *Le Nouvel Observateur*,
    9-15 mai 1986.
28. Guillaume Durand, Interview dans *Libération*, 14 septembre 1986.
29. Guy Drut, « Le sport priorité nationale », *Le Monde*, 16 octobre 1986.
30. Nelson Paillou, « Les Jeux chez eux », *ibid.*
31. Publicité dans *Libération*, 20 octobre 1986.
32. « Une étude révèle la faillite des institutions sportives », *Le Monde*, 19 janvier 2000.

2. PRATIQUES PROFESSIONNELLES

Les aventures du journalisme

THOMAS FERENCZI

Directeur adjoint de la rédaction du *Monde*

Au sortir de la Seconde Guerre mondiale, la France aspire au renouveau. Elle veut, en particulier, une presse différente, qui tranche nettement avec celle de l'avant-guerre et, bien sûr, avec celle de l'Occupation. Les résistants, qui, dans l'ombre, préparaient l'avenir, ont réfléchi aux exigences d'un nouveau journalisme, d'un journalisme qui échappe, autant que possible, aux erreurs du passé. Albert Camus, l'une des plus hautes figures de la profession, écrit dans *Combat* : « Nous avions l'espérance, que ces hommes, qui avaient couru des dangers mortels au nom de quelques idées qui leur étaient chères, sauraient donner à leur pays la presse qu'il méritait et qu'il n'avait plus[1]. » De quelles fautes l'ancien journalisme s'est-il donc rendu coupable pour appeler une telle volonté de changement ? Qu'a donc fait la presse d'avant-guerre pour que Camus la déclare « perdue dans son principe et dans sa morale » ? La faillite des journaux de la IIIe République tient en deux mots : corruption et partialité.

La corruption était de notoriété publique. On savait déjà, depuis le scandale de Panama, qu'il arrivait à des journalistes d'accepter de l'argent pour soutenir certaines opérations financières, mais les révélations de *L'Humanité*, en 1923, sur les subsides versés par un émissaire du tsar, Arthur Raffalovitch, à de nombreux journaux pour favoriser le placement des emprunts russes avaient permis de mesurer l'étendue de « l'abominable vénalité de la presse française ». Ces documents montraient en effet qu'une bonne partie de la profession était gangrenée, ce que devaient confirmer, dans l'entre-deux-guerres, plusieurs affaires où la collusion entre le journalisme et la finance apparaissait au grand jour.

Quant à la partialité, second vice rédhibitoire de la presse française, elle avait partie liée avec une vieille tradition, qui, en France, donne la priorité à l'opinion sur l'information et considère les journaux, avant tout, comme des armes de combat. Il va de soi que l'engagement politique n'est pas, en lui-même, répréhensible. Il peut le devenir lorsqu'il transforme les journaux en instruments de querelles médiocres ou de règlements de comptes partisans ; et lorsqu'il conduit les journalistes à négliger ce qui devrait être la base même de leur métier : la recherche obstinée des faits.

Ainsi, dans les années d'avant-guerre, malgré le talent de grands reporters infatigables, dont Albert Londres demeure aujourd'hui le symbole admiré, les journaux français furent-ils trop souvent aveuglés par les passions ou les intérêts. Sous l'Occupation, il n'y eut guère qu'un petit nombre de titres pour sauver l'honneur. La plupart d'entre eux, soit qu'ils aient continué de paraître en zone Nord, après l'armistice de 1940, soit qu'ils se soient sabordés trop tard, en 1942, après l'occupation de la zone Sud, devront ainsi, à la Libération, céder la place à des journaux issus de la Résistance. Leurs responsables sont résolus à rompre avec les mauvaises habitudes des années antérieures et à imposer à la presse les valeurs qu'ils ont défendues dans la clandestinité. Comme Albert Camus, ils appellent les journalistes à faire entendre la voix de « l'énergie » plutôt que celle de la « haine » et à choisir le chemin de « la fière objectivité » contre celui de la « rhétorique ».

Il est remarquable que l'exigence d'objectivité, par laquelle Camus définit le nouveau visage du journalisme, soit invoquée aussi, presque au même moment, par deux autres personnalités parmi les plus respectées et les plus écoutées de la profession.

L'une est Jean Marin, un ancien de la France libre, choisi en 1954 par Pierre Mendès France, président du Conseil, pour diriger l'agence France-Presse. Lorsqu'il rencontre pour la première fois les journalistes de l'agence, il leur annonce qu'il les protégera contre le gouvernement. À une réserve près. « Si vous vous mettez dans le cas où vous auriez renoncé à l'objectivité fondamentalement nécessaire, leur dit-il, je ne vous laisserai pas tomber, mais peut-être aurons-nous une conversation où je vous dirai : vous n'avez pas bien fait votre métier[2]. » « L'objectivité fondamentalement nécessaire », l'AFP s'en réclamera sans relâche et, formatrice de nombreux journalistes, elle contribuera, autant qu'il lui sera possible, à en diffuser l'exigence dans une partie de la presse.

L'autre grand personnage, sous la IVe, puis sous la Ve République, est Hubert Beuve-Méry, fondateur du *Monde*, auquel il tentera d'inculquer ce même principe. Interrogé à la fin de sa vie sur l'éthique de l'information, il répète ce qu'il a souvent déclaré à ses journalistes : « On peut employer tous les mots qu'on veut et retenir le mot "objectivité" pour dire avec honnêteté – ce qui n'est pas toujours facile, ce qui ne sera jamais facile – toute la vérité possible, en jugeant les événements par eux-mêmes[3]. » « Toute la vérité possible », *Le Monde* s'efforcera de l'établir, puis de la dire, se posant ainsi comme le « journal de référence » de la société française.

En brandissant l'idéal de l'objectivité – dont ils n'ont pas la naïveté de croire qu'il puisse être atteint mais dont ils pensent qu'il doit demeurer l'horizon du travail journalistique – ces deux grands « patrons » de presse affirment que le journalisme est un mode de connaissance de la réalité, aussi légitime qu'un autre. Pour eux, la presse ne doit pas renoncer à agir sur le monde mais il lui faut d'abord tenter de le comprendre, aussi exactement que possible, aussi objectivement que possible. Les journalistes sont donc invités à laisser de côté leurs préférences partisanes ou leurs avantages personnels.

Certes, ils ne sont pas des savants. Ils n'appliquent pas les mêmes méthodes, ne se heurtent pas aux mêmes contraintes, ne sont pas soumis aux mêmes conditions de travail, ne s'adressent pas au même public. Pourtant, ils développent, à leur manière, une forme d'expertise, parallèle à celle des spécialistes de sciences sociales. Comme eux, ils tentent de mettre en pratique ce que le sociologue Norbert Elias appelle un « désenchantement émotionnel », qui seul rend possible une certaine objectivité.

C'est cette démarche qu'incarnent, au lendemain de la guerre, l'AFP de Jean Marin et *Le Monde* d'Hubert Beuve-Méry, une démarche qui va donner à une partie du journalisme français de la deuxième moitié du siècle son esprit. Dans le petit monde de la presse, en effet, les collaborateurs de l'agence France-Presse et du *Monde* apparaissent, durant ces années, comme les journalistes les mieux informés, les plus soucieux de précision et d'exactitude : c'est ainsi qu'ils ont été formés, dans le respect des faits, l'obsession de la vérification, le refus du « bidonnage » et du faux-semblant. Leur idée du journalisme implique la rigueur, le sérieux, la probité, quand bien même la réalité de leur pratique ne serait pas à la hauteur de ces ambitions. Ils se considèrent, et sont en général considérés, comme des experts, un statut qu'ils ont acquis par leur travail assidu et quelquefois obscur, leur spécialisation, leur familiarité avec leurs sources. Ils croient à leur mission de service public et s'efforcent de l'exercer avec rectitude.

Chacune dans son rôle – l'AFP dans celui de diffuseur d'informations « brutes » et aussi neutres que possible, *Le Monde* dans celui de fournisseur d'analyses, de documents, de reportages –, ces deux institutions du journalisme en France contribuent ainsi à constituer une presse de qualité, capable de rivaliser avec celle des pays comparables, les États-Unis, la Grande-Bretagne ou l'Allemagne. Certes, la volonté d'objectivité affichée par les journalistes des deux maisons n'a sans doute pas été aussi constante qu'ils le disent. L'agence France-Presse s'est trouvée trop soumise, par divers liens plus ou moins explicites, aux gouvernements successifs pour être toujours en mesure d'assurer en toute indépendance son travail d'information ; et *Le Monde* a parfois trop sacrifié aux besoins du combat politique pour respecter, aussi nettement qu'il aurait dû, la nécessaire séparation entre les faits et les opinions. Pourtant, leur but a été en partie atteint, celui-là même que leur assignait Camus tout en mesurant la difficulté de la tâche : la rupture avec les pratiques anciennes qui avaient jeté le déshonneur sur les journaux de l'entre-deux-guerres et, plus encore, sur ceux de l'Occupation.

Ce renouveau ne se limite évidemment pas à ces deux entreprises de presse, même si elles apparaissent à beaucoup comme exemplaires du journalisme de l'après-guerre. Un quotidien comme *Le Figaro*, principal concurrent du *Monde* pendant cette période et politiquement opposé au journal d'Hubert Beuve-Méry, a montré, ne serait-ce qu'à travers les chroniques de Raymond Aron, à la fois éditorialiste et professeur à la Sorbonne, son souci d'offrir des analyses de bonne tenue. Il en va de même de certains hebdomadaires – une formule qui connaît en France plus de succès qu'ailleurs et qui témoigne d'une volonté d'approfondissement de l'information. Politiquement engagés, ces hebdomadaires n'en tentent pas moins de rendre compte avec honnêteté de la complexité du monde.

L'Express, fondé au début des années cinquante par Jean-Jacques Servan-Schreiber, en est l'une des meilleures illustrations. Jean-François Revel, qui en fut le directeur à la fin des années soixante-dix, n'a pas tort d'écrire que cet hebdomadaire donna la priorité à la « recherche de la vérité ». D'où le titre de l'anthologie préfacée par Jean-François Revel : *L'Aventure du vrai*[4], et la référence à Pierre Mendès France, qui fut étroitement associé à cette aventure et qui combattait alors l'idée selon laquelle la France, épuisée, serait « incapable de supporter la vérité ». Comme lui, *L'Express* voulut « dire la vérité aux Français ».

Jean-François Revel n'hésite pas à parler d'objectivité. « Ce qu'on appelle "objectivité" dans le journalisme, précise-t-il, c'est l'intention d'être aussi objectif que possible, autrement dit ce qu'on appelle l'"honnêteté". » Vérité, objectivité, honnêteté : autant de termes qui expriment le sursaut de la presse française dans les années d'après-guerre et le renouvellement, selon Jean-François Revel, du « style journalistique français » qui, d'« exagérément dissertatoire et pompeux », est devenu plus précis, plus concret, plus rigoureux.

Dans ce renouvellement, *L'Express*, estime Jean-François Revel, « a joué un certain rôle de creuset de la presse française ». Au moins fut-il, avec quelques autres, à l'image des transformations du journalisme après le choc de la Seconde Guerre mondiale : une presse nouvelle est née, plus attentive aux exigences d'une information libre et honnête. Dans l'audiovisuel, si la télévision est encore, à l'époque, un acteur mineur du débat public, une radio, Europe n° 1, est aussi, à sa façon, représentative de l'esprit nouveau : en consacrant une large place à l'information, une information vivante, diverse, pluraliste, elle participe de ce mouvement de renaissance du journalisme qui rend à celui-ci son utilité sociale.

Ces différents organes de presse – l'agence France-Presse, *Le Monde*, *Le Figaro*, *L'Express*, Europe n° 1 et un petit nombre d'autres quotidiens, d'autres hebdomadaires, d'autres stations de radio, sans parler de la télévision naissante – dessinent, dans l'après-guerre, un paysage médiatique qui reste loin sans doute des aspirations exprimées par les hommes de la Résistance mais qui assure le respect de quelques-uns des grands principes dont se réclame le journalisme. Ce paysage connaît certes des évolutions au cours des deux ou trois décennies qui suivent la Libération mais le véritable

bouleversement viendra du rôle croissant de la télévision puis des nouvelles technologies de la communication, sources de la « société de
l'information » appelée à se développer dans les deux dernières décennies
du siècle.

Cette révolution des techniques et des pratiques de la communication a
modifié en profondeur les conditions du travail journalistique. Non seulement elle a porté atteinte à la prédominance de la presse écrite, qui imposait
son modèle depuis deux siècles, mais encore elle a mis en péril l'identité
même du journalisme, qu'elle a conduit à s'interroger sur sa fonction et sur
sa nature. L'essor des télévisions hertziennes d'abord, le développement du
câble et du satellite ensuite, la naissance et l'extension de l'Internet enfin ont
transformé le journalisme et remis en cause jusqu'aux valeurs par lesquelles
celui-ci se définissait.

L'introduction de ces nouveaux médias dans le champ journalistique a en
effet provoqué des changements en série, par un double mouvement : d'une
part ils ont, pour l'essentiel, bouleversé le temps de l'information ; d'autre
part ils ont contraint les médias traditionnels à s'adapter, avec plus ou moins
de réticences, à cette situation nouvelle. Certes, ce n'est pas la première fois
que la presse, au cours de son histoire, est conduite à changer pour épouser
son époque et se mettre en conformité avec les évolutions de la société : la
plupart des titres de la presse quotidienne et hebdomadaire, quand ils ont
survécu, n'ont cessé de modifier leur formule afin de mieux coller aux
attentes de leurs lecteurs. Mais rarement, sans doute, le changement avait été
d'une telle ampleur et d'une telle rapidité.

La seule mutation comparable est probablement celle qui eut lieu il y a
environ un siècle lorsque le journalisme d'information succéda au journalisme d'opinion – événement qui marqua la véritable naissance de la presse
moderne. À la fin du XIXᵉ siècle, en effet, comme à la fin du XXᵉ, le journalisme dut faire face à une profonde crise d'identité. Depuis son apparition au
XVIIᵉ siècle et surtout au XVIIIᵉ siècle, le journal n'était rien d'autre qu'une
tribune qui permettait à des « publicistes » (on ne les appelait pas encore des
journalistes) de faire connaître leurs idées : la Révolution française, en
supprimant (provisoirement) la censure et en donnant la parole aux
différents acteurs de ce vaste combat politique, fut en quelque sorte le
couronnement de ce journalisme militant, que le XIXᵉ siècle prolongea
jusqu'au Second Empire, voire jusqu'à la IIIᵉ République.

C'est alors qu'émergea une nouvelle forme de presse, plus attentive aux
faits qu'aux opinions, plus intéressée par les reportages, les échos, les
interviews que par les commentaires ou les éditoriaux, en un mot, plus
soucieuse d'informer que de juger. Une presse qui, s'adressant à un public
plus large, obéissait à des principes différents de ceux auxquels son lectorat
traditionnel était habitué. Cette transformation suscita de nombreuses

polémiques, qui ne sont pas sans ressembler à celles que provoquent les changements d'aujourd'hui. On accusa les quotidiens de l'époque – *Le Petit Journal, Le Petit Parisien, Le Matin, Le Journal* – de trahir la mission pédagogique du journalisme, de céder à la démagogie, au sensationnalisme, au fait divers à outrance, de donner la priorité aux chiffres de vente sur les exigences de qualité.

Ces accusations, beaucoup les reprennent à l'égard du journalisme contemporain. Il est vrai que les mutations d'hier présentent quelques traits communs avec celles de ces dernières années. Dans l'un et l'autre cas, les médias ont dû faire face à une triple révolution. Une révolution technique : au XIXe siècle, l'apparition des rotatives pour l'impression et celle du télégraphe pour la transmission, entre autres, ont permis aux journaux d'augmenter à la fois leur tirage et leur vitesse d'information ; au XXe, le développement de l'image électronique puis celui du numérique ont accru la puissance et la diversité des moyens de communication.

Une révolution économique : il y a un siècle, la presse est devenue en grande partie une industrie, petite et moyenne, succédant à l'artisanat de l'ère précédente ; aujourd'hui, le marché est dominé par d'énormes conglomérats dont les intérêts accentuent encore le poids des logiques financières. Une révolution sociologique : la naissance des quotidiens populaires, à la fin du XIXe siècle, a considérablement élargi l'audience des médias ; le succès de la télévision, à la fin du XXe, l'a, à son tour, multipliée.

Cette triple révolution a fortement affecté le journalisme tel qu'il s'est développé depuis la Seconde Guerre mondiale. Elle a notamment renversé le rapport de force entre la presse audiovisuelle et la presse écrite. À l'aube du XXIe siècle, le journalisme est donc conduit, pour le meilleur ou pour le pire, à redéfinir son style, ses objectifs, son identité. Les plus hautes institutions de la profession changent : l'agence France-Presse s'interroge sur son avenir, ses structures, sa place dans le nouveau système d'information, *Le Monde* ouvre son capital, renouvelle sa formule, adapte ses méthodes.

L'idée de service public recule au profit de celle de rentabilité commerciale, dès lors que celle-ci ne va plus de soi, que les goûts et les attentes des « consommateurs d'information » se transforment, que des groupes industriels puissants s'emparent du marché et obligent les moins grands à évoluer pour survivre. De nouveaux métiers naissent, qui mettent en question celui de journaliste.

Dans le dernier quart du XXe siècle, l'explosion de la télévision a été à l'origine de cette mutation. Les chaînes publiques ont d'abord conquis leur autonomie politique par rapport aux gouvernements avant d'être privatisées (TF1) ou mises en concurrence avec des chaînes privées (France2, France3) : l'ancien modèle à vocation largement éducative et culturelle a cédé la place aux diverses formes de la télévision-spectacle, une évolution qui n'a pas épargné le secteur de l'information, à mesure que les impératifs d'audience se faisaient plus pressants.

Ainsi le journalisme traditionnel, celui des deux ou trois décennies qui ont suivi la Libération, s'est-il trouvé interpellé par la montée en puissance du journalisme télévisé, où le poids de l'image, la rapidité du direct, la priorité donnée à l'événement, si possible sensationnel, sur l'analyse ou l'enquête imposaient des habitudes nouvelles, au risque de passer outre aux nécessaires vérifications, comme l'affaire du faux charnier de Timisoara, devenue le symbole des dérives du journalisme-spectacle, devait bientôt le montrer. Sur cette base, toute une littérature critique s'est alors constituée contre la dégradation supposée de la qualité des médias, qui auraient trahi leurs idéaux d'origine.

Parallèlement, une autre menace est venue peser sur le métier : le succès croissant d'habiles et efficaces spécialistes de la communication, « fabriquant », en quelque sorte, l'information que souhaitent faire passer leurs employeurs avant de la « vendre » à la presse. Une activité proche de la publicité, quoique non avouée comme telle, qui complique souvent la tâche des journalistes sous prétexte de la faciliter. Les hommes politiques et les dirigeants économiques ont appris en effet à utiliser à leur profit les nouveaux instruments de communication et à mobiliser les services d'excellents « communicants » chargés d'orienter, par divers moyens, le travail des journalistes, d'élaborer des « plans médias », de contrôler les « messages » destinés au public.

Le journalisme a donc été confronté à cette double pression, celle du spectacle d'une part, celle de la communication de l'autre. Il lui a fallu inventer une réponse afin de marquer son territoire propre, tout en tenant compte de cette situation nouvelle.

Les hebdomadaires ont été les premiers à se rénover en important des États-Unis la formule des *news magazines* : *L'Express* a donné l'exemple en proposant, dès 1964, une maquette moins austère, des sujets plus variés, une écriture plus vivante. Plus tard, il prendra sa part du journalisme d'investigation naissant en France. D'autres hebdomadaires – *Le Nouvel Observateur, Le Point, L'Événement, Marianne* – se sont créés ou transformés pour répondre, eux aussi, aux exigences de la « civilisation de l'image ».

Dans la presse quotidienne, la révolution est venue de *Libération,* dont les innovations, dans le ton comme dans la mise en page, ont témoigné du nouvel esprit du temps. Le journal de Serge July a donné, au début des années quatre-vingt, un « coup de vieux » à ses concurrents en rompant avec la rhétorique convenue et parfois empesée du journalisme en France. Il a été l'un des premiers à comprendre que les journaux s'adressaient désormais à des lecteurs accoutumés au style de la télévision et qu'ils devaient, à leur manière, y adapter en partie leur langage.

Depuis 1995, la nouvelle formule du *Monde*, en introduisant la photographie (dont l'absence fut longtemps considérée comme l'un des éléments-clés de l'identité du journal), en autorisant des gros titres (les « manchettes » de première page, jadis bannies), en donnant plus de place à des sujets dits de société (dont certains, comme la mort de la princesse de Galles ou les confidences de Johnny Hallyday, paraissaient réservés à des magazines « people ») ou aux « révélations » de ses journalistes d'investigation, qui ont dévoilé plusieurs scandales politico-financiers, a quelque peu bousculé l'image du quotidien d'Hubert Beuve-Méry sans craindre de choquer une partie de ses vieux lecteurs.

Au sein même de la presse télévisée, beaucoup de journalistes se demandent également comment concilier la qualité de l'information avec la nécessité d'attirer un public dont les habitudes ont changé.

La question posée en effet à tous les journalistes, quels que soient les médias qui les emploient, est de savoir comment préserver, voire renforcer, la crédibilité et le sérieux de leur travail alors même qu'il leur faut user aussi des armes de la séduction. Pari difficile, mais dont rien n'indique qu'il soit perdu d'avance. La presse se transforme aujourd'hui comme elle s'est transformée hier, elle change de style et de méthodes, elle ne renonce pas pour autant à ses objectifs. Un journalisme différent se développe, qui met davantage en valeur le reportage, l'enquête, le portrait, qui tente de faire vivre l'actualité à travers des personnages et des récits, qui élargit ses centres d'intérêt à des thèmes moins politiques et plus « sociétaux ». Rien qui soit incompatible avec le respect des valeurs fondamentales du métier.

Le défi le plus récent est celui que lance l'Internet. Il est encore trop tôt pour savoir quelle influence le net exercera sur la presse ni comment celle-ci réagira. Mais il est plus que probable qu'une fois encore elle s'adaptera à ce nouvel instrument de communication, autant pour en exploiter les virtualités que pour en combattre les effets pervers. La pratique du journalisme est une aventure sans cesse recommencée.

1. *Essais*, Bibliothèque de la Pléiade, Paris, Gallimard, 1970.
2. Jean Huteau et Bernard Ullmann, *Une histoire de l'agence France-Presse 1944-1990*, Paris, Robert Laffont, 1992.
3. *Beuve-Méry, Paroles écrites*, texte établi par Pierre-Henry Beuve-Méry, Paris, Grasset, 1991.
4. Paris, Albin Michel, 1979

SANS-PAPIERS, ÉGLISE SAINT-BERNARD, 1996 ; © CHRISTOPHE GIN/AGENCE VU

De la gouverne du journalisme

HERVÉ BRUSINI

Directeur de la rédaction nationale de France 3

C'était un personnage solitaire. De quoi écrire lui suffisait. Sac de voyage en bandoulière, il allait à la rencontre de ce qu'on appelait naguère l'événement. En cette fin du XIXᵉ siècle, le nom qu'il portait était d'importation américaine. L'invention outre-Atlantique du *reporter* accompagnait d'un même pas le naturalisme littéraire français d'un Émile Zola. Un art *nouveau de faire du journalisme* surgissait à la une de *L'Éclair,* du *Cri du Peuple* ou du *Matin.* Professionnel du risque, toujours prompt à l'indignation et soucieux de son salaire, ce « héros moderne » faisait vivre au lecteur ses voyages et ses rencontres. Le reportage décrivait l'âpreté du terrain, il n'avait aucune autre légitimité que l'exercice narratif des péripéties de l'expédition. En exposant ainsi son propre travail, il semblait tout naturel au journaliste qu'il disait là la vérité ou, tout au moins, sa vérité. Presque un siècle plus tard la télévision « imageait » cette technique inaugurée par la presse. Cette fois, le héros avait un visage, une voix ; des bateaux, des voitures ou même des ânes constituaient sur le petit écran autant de moments obligés pour qui revenait du Congo, de Lambaréné ou du barrage de Malpasset. Roger Louis et ses confrères se devaient de répondre à l'injonction de Pierre Lazareff, le patron du magazine *Cinq colonnes à la une* : « Je veux, disait-il, que vos sujets sentent le pipi » *[sic]*. À New York, on s'évertuait aussi à restituer la vie à travers les aventures d'Ed Murrow dans *See it Now* pour CBS. En direct déjà, cet homme avait longuement décrit, depuis la carlingue d'un B17, l'invasion de la Pologne par les troupes nazies.

Tous racontaient l'actualité de la même manière. Le téléspectateur suivait l'image comme il avait dégusté en son temps le cinéma muet. Les plans s'enchaînaient et le commentaire opérait à la façon de ces cartons qui précisent qui parle et la nature de l'action. Sur les théâtres de guerre ou dans un marché au bétail corrézien, les reporters faisaient œuvre de guide. On savait comment ils étaient arrivés là, ce qu'ils y recherchaient ; ils étaient, à l'écran, le premier médiateur visible et reconnaissable pour ceux qui, à l'époque, avaient la chance de posséder la télé. Et voilà que ces journalistes posaient force questions, et l'on apercevait la mine de l'interlocuteur embarrassé par le gros scarabée métallique et inquisiteur du micro. Les silences, les versions multiples des témoignages s'ordonnaient au gré du plan de montage. Le reportage s'offrait pour ce qu'il était fondamentalement : une enquête. Parce qu'il était « allé vers », parce qu'il avait fait cet « effort de déplacement », le journaliste se définissait avant tout comme un étranger qui interroge. Bien avant la très officielle carte de presse, cette simple posture de personne à « l'extérieur de la situation » procurait déjà cette capacité à pouvoir faire toute demande… innocente ou pas. Bien sûr, lorsque questions et réponses sont publiées par la presse ou la télévision à grande échelle, une telle capacité devient un problème politique. L'État de la première moitié du xxᵉ siècle ne manqua pas de réagir en brandissant l'arme de la censure ; et le journalisme connut une longue maladie – toujours vivace – l'autocensure. Mais l'affaire mérite une plus grande attention : ce principe d'extériorité du journalisme n'est pas sans rappeler le rôle du Droit ou de l'Église dans l'histoire du gouvernement des hommes. En 1976, lors d'une de ses conférences au Collège de France, Michel Foucault exposait ces lois divines ou naturelles qui venaient limiter le pouvoir du souverain aux xviᵉ et xviiᵉ siècles. Situées, elles aussi, à l'extérieur de la sphère de l'État, ces lois instauraient des limites, des frontières à ne pas dépasser. Tout franchissement intempestif entraînait une annulation des décisions, un discrédit du Puissant. Il y avait bel et bien rapport de force ; et nul alors n'aurait songé à parler de liberté théologique ou juridique. Le principe constitutif de l'extériorité provoquait en soi la confrontation. Il en va peut-être de même pour le journalisme, avant toute idée de liberté de la presse. Dans son premier siècle d'existence, de l'évasion de l'anarchiste russe Padlewski à l'affaire Dreyfus ou encore la guerre d'Algérie, l'information fabriquée par des professionnels voulut affirmer son courage à dénoncer « l'injustice ». Une dénonciation conçue comme l'acte majeur du journalisme. Là encore, c'est l'extériorité du reporter-enquêteur qui conditionnait la faculté de révéler ou mettre en cause et non une quelconque institution d'un « quatrième pouvoir » illusoire. Trop souvent la réflexion sur le journalisme et son histoire emprunte les schémas académiques du Droit constitutionnel ou des libertés publiques. L'exercice journalistique dans sa complexité et ses origines y est gommé. Il devient alors une sorte de tout, quasi naturel, dont seules d'autres disciplines pourraient rendre compte. Pour les irréductibles nostalgiques de ce type d'approche, la condition contemporaine du métier d'informer administre une nouvelle preuve de l'innocuité de cette pensée ; car si l'on envisage les méthodes, les démarches, les procédures de ce que l'on veut encore appeler le journalisme, on doit constater une mutation absolue de la façon dont vivent et fonctionnent les détenteurs de cartes de presse. Exemple : la succession chronologique des plans façon cinéma muet n'est plus qu'un pâle souvenir. Le travailleur de l'audiovisuel moderne peut montrer un personnage à bicyclette, puis le même marchant dans la rue, discourant ensuite en public, pour finalement le laisser s'exprimer dans un bref entretien, tout cela en moins de trente secondes. On pourrait mettre au défi le téléspectateur d'aujourd'hui de comprendre quel sujet traite son journal si l'on coupe le son du poste. À ce constat, des réponses toutes faites sont servies prêtes à consommer : la vidéo aurait tout changé, il y aurait moins de temps accordé aux sujets du journal télévisé, après la magie de l'époque héroïque, le téléspectateur se serait habitué à une information plus rapide, etc. Mais rien de tout cela n'interroge la pratique journalistique elle-même. Ainsi, le commentaire. Désormais il assure la maîtrise de l'édifice, toujours baptisé « reportage » par abus de langage. Le reporter, comme personnage présent dans le sujet, a disparu de l'écran. Seule sa voix off donne maintenant son sens au sujet traité ; l'image tend à n'avoir qu'une pure fonction d'illustration. Tout se passe comme si le carton du film muet d'hier était devenu omniprésent, omnipotent, cette fois sous forme orale. C'est grâce à ce renversement de tendance que l'information toute en images, sur six minutes ou huit minutes et demie, est maintenant possible. Paradoxe d'une époque qui s'obnubile à parler de triomphe de l'image au moment où celle-ci a en fait déserté au profit du mot ; comme si le visible n'était plus la priorité du journalisme de télévision, pour n'évoquer que celui-là ; comme si, face aux nouveaux objectifs du journalisme – pris cette fois dans son ensemble –, seule la force du verbe exprimant abstractions et concepts était opératoire. L'affaire, là encore, mérite une observation plus détaillée. Au milieu des années soixante, les services économiques sont apparus en tant qu'entités structurées au sein des rédactions. Il « fallait » informer les français sur le nouveau franc, et toutes ces « lois », ces « conjonctures » qui « régissent » la condition matérielle de nos concitoyens. Une sorte d'apprentissage au long cours de ce qui régulerait de façon invisible notre quotidien. Indice des prix, force de la monnaie, concurrence internationale sont autant de « réalités » sans images. Les spécialistes embauchés pour traiter de ces questions eurent recours à des stocks d'images que l'on souhaitait certes en rapport avec le sujet, mais les plus neutres possible. Grâce à ces images dites prétextes, il s'agissait de faire entendre le commentaire magistral de l'enseignement des mécanismes économiques. Le fait divers, lui-aussi, dut céder la place au fait de société, et ce ne fut pas seulement un simple changement d'intitulé. La sociologie était passée par là : le crime, par exemple, fut déclaré digne d'intérêt parce qu'en relation avec une grande question de la morale ou des mœurs ; ces grandes questions étant vérifiées par les statistiques, qui ne parlent plus du drame d'une famille ou d'un individu mais quantifient en masse les populations concernées par telle ou telle question. Peu à peu l'ensemble de l'activité journalistique fut redessiné, redéfini à la lumière de ces savoirs nouveaux ; et l'on cherchait à la télévision, toujours vainement, une mise en image de cette nouvelle réalité. L'enquête venait de perdre le goût du terrain cher à Pierre Lazareff ; le reporter devenait sédentaire avec dossiers de presse sous les yeux et ordinateurs en batterie. Loin d'explorer la société des hommes, à présent, il l'examine. Bien avant le journalisme, l'État a connu cette révolution. Le principe de l'extériorité qui venait borner l'activité gouvernementale s'est transformé en principe d'autolimitation. L'État n'est plus déclaré légitime ou illégitime dans ses décisions mais efficace ou pas, maladroit ou pas. L'échec ou le succès sont les nouvelles questions posées à l'exercice du pouvoir. On n'accuse plus le politique actuel de lever un impôt scandaleux, on l'interroge plutôt sur son équité ; la maxime moderne est qu'un gouvernement doit savoir ne pas trop gouverner. Dans cette nouvelle géographie du pouvoir, le journalisme a intégré la sphère du gouvernement des gens, l'expertise est devenue son maître-mot. Tout comme l'État, le voilà devenu acteur d'une « économie-politique » au plein sens du terme. Acteur d'une économie du pouvoir dans la cité. Dans une telle mise en perspective, on voit bien qu'avant même l'apparition de l'image virtuelle, une virtualité de l'image était déjà mise en place, par exemple par les spécialistes des explications du choc pétrolier survenu en 1973. Les critiques d'origine judi-ciaire ou religieuse, qui veulent appréhender le journalisme contemporain par le prisme de la contrefaçon, du sensationnalisme ou de la dépendance, passent sous silence cette transformation radicale. Une transformation qui donne au journalisme un rôle actif dans la gouvernementalité, sans rapport obligé aux gouvernements, qu'ils soient de droite ou de gauche. La vieille question de l'indépendance – toujours à défendre – a en fait cédé la place à celle de la Vérité critique. Elle devrait concerner chaque citoyen en Démocratie.

LES COULISSES DU 20 H, CLAUDE SÉRILLON, 3 MARS 1999 ; © JEAN PIMENTEL/FRANCE 2

La double logique de l'information
ALBERT DU ROY

Qu'ils soient écrits, radiophoniques ou télévisuels, les journaux d'information généraliste inscrivent tous leur démarche dans une double logique : l'une, journalistique, consiste à rendre compte avec exactitude et pertinence de l'ensemble de l'actualité (contrairement aux journaux spécialisés, centrés sur un thème unique, ou destinés à un public particulier) ; l'autre, commerciale, implique que ces journaux soient lus, écoutés, regardés par un large public. Ne pas respecter l'une de ces logiques, c'est choisir entre la trahison et la mort. Le meilleur journal, sans un nombre suffisant de lecteurs/auditeurs/téléspectateurs, est voué à la disparition. Mais un journal d'information qui obéirait exclusivement aux lois du marketing ne remplirait pas sa mission.

Or, il arrive fréquemment que ces deux logiques divergent, et parfois qu'elles soient incompatibles, car si le journal est un produit commercial, son contenu, l'information, ne l'est pas ! L'actualité peut ne pas correspondre à ce qu'attend le public. Quand elle est fade, faut-il la pimenter ? Quand elle est triste, peut-on l'enjoliver ? Quand elle est choquante, ignoble, indécente, doit-on la travestir ? Trahir la réalité ou déplaire, voilà le dilemme auquel sont confrontés en permanence les journalistes, sans parfois en avoir conscience, et les directeurs de journaux, sans toujours l'admettre.

Une rédaction est un chaudron de sorcière. S'y engouffrent heure par heure des textes, des sons, des images de toutes provenances. À vérifier, à trier, à organiser, à mettre en scène. Au bout de cette alchimie, l'alambic produit un journal, limité dans l'espace ou dans le temps, subtil cocktail dont les ingrédients, imprévisibles et incontrôlables, varient chaque jour. C'est donc quotidiennement que se surveille le respect du double contrat : être conforme à la réalité et être attrayant.

Les quatre phases de l'alchimie

La transformation de la matière première brute s'effectue en quatre phases. Chacune comporte ses difficultés et ses dangers spécifiques.

Au cours de la première, la récolte de l'information, le principal obstacle à contourner est l'opacité, le mur du secret par lequel se défendent les institutions (politiques, administratives, économiques, syndicales, corporatistes…).

Ce secret est fréquemment illégitime ; il dissimule des actes ou des situations inavouables plus souvent qu'il ne protège des entreprises nécessitant la discrétion. Outre l'exactitude du compte rendu, premier critère de la déontologie professionnelle, le travail du journaliste consiste d'abord à faire la part des informations auxquelles le public a droit. Ce droit englobe tout ce qui touche au sort commun, par exemple les raisons et les conséquences d'une intervention militaire, même si celle-ci est protégée par le « secret défense » ; tout ce qui concerne l'exercice d'une fonction publique, par exemple la rémunération des élus, même si celle-ci est protégée par le secret fiscal ; tous les éléments relatifs à l'usage – et à l'abus d'usage – de l'argent public, même quand cet usage est mis en examen et donc protégé par le secret de l'instruction. Ce droit peut parfois mordre sur le domaine légitimement protégé de la vie privée quand un élément de la vie privée d'un personnage public peut avoir des conséquences sur le sort commun, par exemple l'état de santé d'un président de la République, même si celui-ci est protégé par le secret médical. Il s'étend enfin aux personnes privées qui, volontairement ou non, sont plongées au cœur d'un événement public. Ce qui n'exclut pas la retenue dans des cas douloureux comme les attentats ou les accidents, afin que ceux qui sont victimes d'un drame ne le soient pas aussi de sa médiatisation.

On voit bien les risques de dérapage au cours de cette recherche. Il arrive de considérer abusivement qu'un fait doit être porté à la connaissance du public, mais les lois existantes permettent de réprimer ces excès sans qu'il soit nécessaire d'en ajouter de nouvelles. La difficulté de percer le mur du secret entraîne aussi à commettre des erreurs. Celles-ci sont regrettables. Sont-elles toujours condamnables ? Certains grands scandales cachés ont finalement été mis à jour par la presse grâce à des enquêtes qui comportaient un certain nombre d'approximations ou de fausses pistes. C'est un cas, certes exceptionnel, où le journaliste peut momentanément revendiquer un droit à l'erreur.

Quant au principal danger dans ce travail de récolte, il porte un nom : la communication. Tout organisme, toute personne (dirigeant politique, syndical, chef d'entreprise, auteur de livre, réalisateur de film…) entend très normalement faire connaître son action, ses idées, ses projets. Il (ou elle) « communique » donc. Mais si communication et information utilisent souvent les mêmes techniques, elles ne sont pas de même nature : la communication est le message, souvent partiel ou partial, qu'une personne ou un organisme entend rendre public dans son intérêt ; ce message est une vérité, qui doit donc être vérifiée, corrigée, complétée, démentie ou confirmée par le journaliste. Le scepticisme est un élément essentiel de l'hygiène professionnelle. Le problème est que les moyens et le savoir-faire des « communicants » sont devenus souvent supérieurs à ceux des journalistes…

La deuxième phase du travail de ces derniers est de trier la masse considérable d'informations qu'ils rassemblent et de sélectionner celles qu'ils estiment devoir retenir. Chaque journal a sa spécificité, chaque public a ses priorités ; un quotidien régional privilégiera les informations locales ; un bulletin radiophonique du matin sera plus bref et rapide que celui du soir ; un journal télévisé généraliste donnera en images un aperçu global de la vie nationale ou planétaire. Le contenu d'un journal télévisé ou d'un bulletin radio tiendrait sur une demi-page d'un grand quotidien. Le choix est donc drastique. Dans tous les cas, un équilibre subtil doit être respecté entre les informations importantes, incontournables, et celles qui intéressent particulièrement le public de chaque journal. Ce ne sont pas toujours les mêmes…

La troisième phase, la hiérarchisation des informations, est la plus délicate. Quelle place, quel temps d'antenne consacre-t-on à chaque fait ? Dans quel ordre ? À quelle page ? Et, surtout, quelle nouvelle mettre en vitrine ? Pas de problème quand un événement majeur s'impose. Quand ils sont plusieurs à se disputer la « une », le choix est plus compliqué ; on tiendra compte de l'appréciation journalistique de leur importance, mais aussi de la résonance de chaque événement dans le public du journal. Ce deuxième critère constitue un sérieux handicap pour les informations internationales, réputées peu attractives pour le grand public. Le vrai danger commence quand aucun fait ne justifie un affichage fort. Un journal sans « gros titre » risque de détourner le lecteur du kiosque, de faire zapper l'auditeur ou le téléspectateur. La tentation est donc de choisir un événement, d'en exagérer l'importance, de le faire « monter » comme un soufflé, de le « spectaculariser » pour séduire le chaland. Cette « survente » est doublement dangereuse : le soufflé peut retomber, et l'information gonflée se révéler exagérée, voire fausse ; le public peut être déçu si le contenu ne tient pas la promesse de la « une ».

Phase finale enfin : la mise en scène, la mise en page. Vouloir mettre en valeur les articles ou les reportages est un souci normal : un article mal titré, mal illustré, ne sera pas lu ; un sujet mal monté ne sera pas regardé ; c'est comme s'ils n'existaient pas, quelle que soit leur qualité. Savoir susciter l'intérêt du public, savoir ensuite maintenir son attention ne peut que lui rendre service. L'utilisation des mots forts, des images fortes est logique. Avec une limite toutefois : que la mise en valeur ne modifie pas le sens de l'événement. Citons pour l'exemple trois formes fréquentes de torsion de la réalité. La première est propre à la télévision, dont le matériau de base est l'image ; selon qu'il y a ou non des images, un même événement gagnera ou perdra en importance ; s'il est d'une importance capitale, mais sans image, la tentation sera, pour le faire exister aux yeux des téléspectateurs, de recourir à des substituts, reconstitutions virtuelles ou archives, qui peuvent en modifier le sens.

Deuxième torsion : l'inflation verbale consiste à choisir les mots les plus vigoureux, « mystère » plutôt que « question », « scandale » au lieu d'« anomalie », « drame » à la place d'« incident ». Enfin, la dramatisation conduit à illustrer son sujet, à ouvrir son article avec les éléments les plus accrocheurs de l'actualité, ce qui est normal, sauf quand ceux-ci sont marginaux (l'unique incident d'une manifestation pacifique, le seul perturbateur d'un calme congrès, l'accident exceptionnel d'une journée automobile tranquille...).

Cette dernière dérive fait parfois dire que les journaux parlent toujours de ce qui ne va pas... Les fameux « trains qui arrivent en retard ». Ce reproche n'est pas sérieux. Ce qui constitue une information, c'est ce qui sort de l'ordinaire. « Quoi de neuf aujourd'hui ? – Rien de particulier ! » est l'échange banal du couple après la journée de travail. Heureusement que ce qui sort de l'ordinaire est, le plus souvent, un acte négatif, accident, crime, guerre, malversation, faillite... Dans le cas contraire, notre vie serait bien malheureuse puisque notre quotidien serait gavé de drames ! Les « trains qui arrivent à l'heure » ne deviendraient un événement, donc une information, que dans un pays où ils arriveraient systématiquement en retard...

« Miroir, mon beau miroir... »

Le calcul commercial – « Qu'est-ce qui aura le plus d'impact sur le public que je veux attirer ? » – n'est évidemment pas le seul facteur de distorsion de cette réalité qu'un journal d'information doit refléter. Trois autres éléments entrent en ligne de compte.

Le premier est l'accessibilité de l'événement. Pour voir, pour savoir, il faut être sur place, assister à l'événement quand celui-ci est prévisible, le reconstituer rapidement quand il survient à l'improviste. Dans notre monde « village global », un journal parfait devrait avoir de nombreux envoyés, permanents ou exceptionnels, partout. Les grandes agences, de texte ou d'image, qui travaillent pour tous leurs abonnés, comblent partiellement ce besoin, mais le respect du pluralisme ne s'accommode pas d'un réseau d'information mondial qui, arrosant tous les médias, tendrait vers le monopole. Déjà, dans le seul domaine télévisuel, l'écrasante réussite de CNN laisse entrevoir la gravité de ce danger. Il faut donc que les grands journaux aient les moyens financiers nécessaires à cette présence, mais aussi ceux qu'implique le recrutement de bons spécialistes. Ces moyens, la plupart des grands journaux français ne les ont pas.

Cette relative pauvreté entraîne un autre effet dommageable : pour pratiquer l'investigation, mais aussi pour traiter les dossiers en profondeur, pour accorder à tous les événements l'attention qu'ils méritent, il faut que les enquêteurs aient du temps... Et chacun sait que le temps coûte cher. On travaillera donc souvent dans la précipitation.

Deuxième facteur de distorsion : les « pressions ». Quand on utilise ce mot, chacun pense à la télévision d'État de l'époque ORTF, quand le sommaire du journal de 20 h était contrôlé par le ministre de l'Information. Ce contrôle a aujourd'hui disparu et les télévisions, publiques ou privées, ont désormais les moyens de résister aux interventions politiques. Comme les journaux de presse écrite, et en raison de la fragilité économique évoquée plus haut, elles sont en revanche soumises aux pressions plus insidieuses des grands annonceurs publicitaires et, davantage encore, des groupes financiers ou industriels devenus propriétaires des principaux médias. C'est une particularité bien française, et très malsaine, que de voir beaucoup de journaux, radios et télévisions appartenir à des sociétés dont la principale activité n'est pas la communication, et qui, en plus, dépendent souvent des marchés publics.

Enfin, tout le processus de transformation de l'information est évidemment influencé par la subjectivité. Du reporter au directeur, chacun a ses convictions, sa sensibilité, ses passions, ses sympathies/antipathies. Tout le monde sait que l'objectivité n'existe pas : ni le cerveau, ni l'œil, ni « l'objectif » de la caméra ne peut réagir avec une clairvoyance et une neutralité totales face à des événements toujours complexes, et parfois perturbants. La rigueur et l'honnêteté peuvent pourtant l'emporter grâce à la collectivité rédactionnelle. Une rédaction est un corps vivant, réactif, riche de ses diversités : toute appréciation d'un événement, de sa signification, de son importance peut y être discutée. L'addition de ces subjectivités qui se corrigent l'une l'autre permet d'approcher l'objectivité.

Ce n'est pas le cas de celui que l'on a tendance à oublier lorsqu'on reproche au journaliste son manque d'objectivité : le lecteur/auditeur/téléspectateur. Qu'est-ce qu'un journal objectif à ses yeux ? Un journal dont le contenu, information ou commentaire, conforte sa propre subjectivité. Dès que la réalité d'un événement ne lui plaît pas, il suspecte le journaliste de partialité.

Un journal doit être un miroir du monde. Il arrive que, concave ou convexe, ce miroir fausse la réalité. Mais il arrive plus souvent encore que l'image qu'il nous renvoie ne nous plaise pas. La tentation est forte, alors, de s'en prendre au miroir plutôt qu'à la réalité. « Quand le sage montre la lune, l'imbécile regarde le doigt », dit un dicton chinois…

La concurrence, indispensable et dangereuse

Fondamentale dans toute démocratie (les régimes autoritaires lui rendent d'ailleurs un bel hommage paradoxal en la supprimant en priorité !), la liberté de la presse implique le pluralisme : plusieurs sources d'information entre lesquelles chacun peut choisir. Ce pluralisme peut être favorisé par l'État : avantages fiscaux, tarifs postaux préférentiels, subventions aux journaux d'opinion… Mais une vraie liberté se conçoit mal dans une telle dépendance. Pour être libre d'entraves, un journal doit équilibrer ses besoins et ses recettes.

Même s'il ne peut être une entreprise comme les autres, puisque sa matière première de base, l'actualité, échappe à son contrôle, un journal est néanmoins une entreprise.

Le pluralisme, c'est la concurrence. Pour paraphraser une formule prêtée à Churchill à propos de la démocratie, on peut dire que la concurrence est en l'occurrence le plus mauvais système à l'exception de tous les autres. On ne voit pas comment mieux garantir l'indépendance pluraliste que par le libre arbitre du citoyen. Mais il ne faut pas non plus se dissimuler les effets pervers de la concurrence, non pour condamner celle-ci, mais pour mieux éviter ceux-là.

Ces effets pervers ont déjà été évoqués ci-dessus : l'utilisation du sensationnel, du spectaculaire, la prépondérance du souci marketing dans la hiérarchisation des événements... Ajoutons-y la plus positive et la plus pernicieuse des évolutions récentes : l'utilisation des nouvelles technologies de communication. Ce n'est pas l'aspect le plus anodin de la mondialisation, tant décriée, que la disparition des frontières pour la transmission des informations. Il ne faut pas être très vieux pour avoir connu un pays – la France – où l'État pouvait se réserver le monopole de la diffusion radiophonique, contraignant les radios dites « périphériques » à installer leurs émetteurs en territoire étranger. Avec les satellites, puis avec Internet, nous avons changé d'époque ! Jadis, dans de nombreux pays de l'Est ou de l'hémisphère Sud, un pouvoir autoritaire pouvait agir en cachette ; naguère, il devait contrôler ses frontières et surveiller son réseau téléphonique pour éviter de voir ses exactions exposées sur la place publique mondiale. Aujourd'hui, les moyens de communication échappent à tout interdit, ce qui pose des problèmes par ailleurs, mais empêche désormais un dictateur de plonger son pays dans la nuit et de décerveler ses habitants par la propagande.

Ces nouvelles techniques sans frontière sont rapides, voire instantanées, ce qui est un facteur appréciable d'émulation et, stimulant la concurrence, favorise le pluralisme. Mais rapidité implique aussi, souvent, précipitation, c'est-à-dire absence de vérification et défaut de réflexion. Pour le plaisir d'un « scoop » (une information exclusive), pour « griller » un concurrent, on risque à tout bout de champ de lancer un bobard, voire de se faire manipuler. L'exemple célèbre du faux charnier de Timisoara, au moment de l'effondrement du régime dictatorial roumain de Ceausescu, a révélé ce danger et marqué la profession. Mais l'oubli fait son œuvre. Un automobiliste est toujours prudent après avoir dépassé le lieu d'un accident ; ensuite, le tempérament et l'habitude reprennent le dessus, jusqu'à l'accident suivant.

La comparaison automobile n'est pas innocente. Les constructeurs ont pris garde de faire évoluer en parallèle les performances et la sécurité. En matière d'information, les performances techniques progressent plus vite que les garde-fous nécessaires pour en conserver le contrôle.

Le dernier mot

Réconcilier en permanence l'obligation de séduire et la mission d'informer, l'impératif de la concurrence et le devoir de rigueur, voilà l'exercice d'équilibre auquel sont tenus les journaux d'information et ceux qui les font. Et si certains commettent des faux pas, il ne faut pas oublier cette leçon d'un siècle obscurci par les pouvoirs totalitaires : les défauts de l'information sont infiniment préférables à un défaut d'information. L'imperfection vaut mieux que le silence ou le mensonge.

La presse, en démocratie, grâce au pluralisme et à la concurrence, dispose d'un atout décisif : son public. C'est lui qui, toujours, a le dernier mot. Plus il sera exigeant en matière d'information, plus les journaux seront exigeants à l'égard d'eux-mêmes. Nous avons les journaux que nous achetons, regardons, écoutons… Nous avons les journaux que nous voulons, donc ceux que nous méritons.

3. PRISMES

COUPE DU MONDE 1998, QUART DE FINALE FRANCE-ITALIE ; © ERIC FRANCESCHI/AGENCE VU

Le spectacle sportif médiatisé

FABIEN WILLE

Maître de conférences à l'université de Lille II

Le 16 août 1936, 150 000 téléspectateurs assistent aux cérémonies officielles des jeux Olympiques de Berlin, présidées par Adolf Hitler. La retransmission de cet événement s'effectue dans la plupart des grandes villes allemandes grâce au câble. Le Docteur Best, le chef de la police secrète allemande, stipule dans une circulaire de juillet 1936 : « Un déroulement grandiose et sans incidents des jeux Olympiques de 1936, à Berlin, est de la plus haute importance pour l'image de la nouvelle Allemagne aux yeux de tous les hôtes étrangers[1]. » Une jeune réalisatrice, Leni Riefenstahl, dispose d'un budget sans précédent pour réaliser des images qui serviront à la télévision et au cinéma. Des dizaines d'opérateurs, trente caméras et le nouveau téléobjectif Telefunken contribuent à valoriser cette prestation, symbole de l'idéal du IIIe Reich. *Les Dieux du stade*, produit et réalisé à l'occasion de ces jeux, constitue un modèle du genre dans la façon de filmer le sport : cette qualité de mise en images, par les cadres utilisés, par la recherche permanente d'esthétisme, reste encore parfois inégalée. Mais ce film constitue également une apologie non dissimulée de la cause nazie, par ses effets propagandistes de la race aryenne.

Le 25 juillet 1948, la télévision française propose, pour la deuxième fois de son histoire[2], un reportage en direct et en extérieur, à l'occasion de l'arrivée du Tour de France cycliste. Une caméra fixe permet de montrer le passage des coureurs et de réaliser les interviews à l'arrivée. Quelques Parisiens, disposant de téléviseurs, peuvent accéder à cette retransmission qui est d'abord une expérience et pas encore une pratique professionnelle courante. Les contraintes sont nombreuses pour pouvoir réaliser ce direct en extérieur. Mais cette retransmission n'est pas dénuée d'enjeux, dont particulièrement certains concernant la crédibilité de la télévision. Il s'agit pour les instigateurs de ce projet, d'une part de valoriser cette toute nouvelle télévision, et d'autre part de promouvoir la norme française auprès des autres pays européens : l'année 1948 est celle de l'instauration d'une nouvelle norme de 819 lignes et de son exploitation quotidienne en France[3].

Aujourd'hui la télévision est le média dominant, il envahit l'espace privé et les retransmissions sportives constituent une part importante de l'offre des programmes[4]. L'été 1998 a été le moment de la diffusion d'événements sportifs et médiatiques majeurs. La finale de la Coupe du monde de football, opposant la France au Brésil, a mobilisé vingt millions de téléspectateurs sur TF 1, atteignant ainsi un record d'audience. La victoire française a eu, par ailleurs, pour conséquence de susciter un engouement populaire et de valoriser non seulement une équipe de football pluriethnique mais aussi des acteurs politiques.

Le Tour de France cycliste 1998 a été, lui, l'occasion d'assister à plusieurs événements. Le spectacle sportif habituel a du mal alors à s'imposer en raison de l'incursion d'une révélation perturbatrice : l'affaire Festina, qui amène au devant de la scène plusieurs pratiques : tout d'abord celle du cyclisme actuel et du sport, où est dévoilé l'usage de produits dopants, puis les procédures judiciaires, qui apparaissent comme responsables du mécontentement des coureurs, enfin la pratique journalistique et les différents positionnements de leurs diffuseurs. Le Tour de France, spectacle médiatique générateur d'audience, n'a-t-il pas été, lors de cette dernière édition, victime d'un système qu'il a lui-même contribué à créer ?

Constituée à l'origine en média de culture, de divertissement et d'information, la télévision d'aujourd'hui revêt une dimension marchande et le spectacle sportif télévisé n'est pas étranger à cette évolution. En tant que produit culturel, il répond à des exigences techniques et à des contraintes économiques et sociales qui sont attachées au champ de la production télévisuelle.

Le regard porté sur l'évolution des retransmissions sportives ne doit pas céder aux préjugés couramment admis. Ils proviennent de critiques récurrentes à l'adresse de la télévision, qui jettent un discrédit permanent sur la nature des relations qui lient le sport, les médias et le monde économique. Ces détractions s'appuient, d'une part, sur le procès de la domination des enjeux financiers et, d'autre part, sur la dénonciation du pouvoir qu'exercerait la télévision sur le monde sportif. Ces constats resurgissent lors de moments de crise, comme la mise en visibilité du dopage, dans l'évocation de pratiques de corruption, à l'occasion des dérives produites par la signature de contrats de droits d'exclusivité.

Il ne s'agit pas de nier le poids actuel de l'économie dans le domaine sportif et médiatique, mais d'en orienter l'analyse vers le croisement des logiques de promotion et d'innovation qui la régissent. Depuis plus d'un siècle, la presse écrite spécialisée s'organise selon un processus d'innovation conduisant à une transformation des dispositifs journalistiques : ceux-ci se déplacent sur les lieux des événements et réduisent ainsi le temps de transmission de l'information. Innovation également quand la construction des récits permet une meilleure reconstruction des événements. Enfin, ce processus est au service de la valorisation et de la promotion de l'événement lui-même, afin de développer la vente de journaux ou la diffusion d'un produit industriel. Les travaux de Philippe Gaboriau[5], Paul Boury[6], Yvon Leziart[7], ou encore Georges Vigarello[8], montrent que le premier Tour de France cycliste, créé par les journalistes de *L'Auto*, et dont le départ est donné le 1er juillet 1903, conjugue deux aspirations, celle des coureurs à la recherche de gloire, et celle des marques de cycles à la recherche d'un succès.

Le processus de transformation du spectacle sportif télévisé peut alors s'appréhender sous trois aspects. Tout d'abord, les évolutions technologiques modifient la nature du spectacle sportif télévisé produit. Ensuite, les différentes formes de valorisation liées au média, dépendant des enjeux de la retransmission, influencent le spectacle proposé. Enfin l'étude serait incomplète si l'on ne s'interrogeait pas sur l'objet de la médiatisation lui-même, c'est-à-dire le sport et le spectacle qui le prolonge. Le spectacle sportif télévisé évolue aussi grâce au processus de transformation du sport que Norbert Elias[9] dénomme *sportization*.

Mais une approche sémiotique du spectacle sportif télévisé ne se limite pas aux logiques de production de l'événement, il faut par ailleurs s'interroger sur les modes de fonctionnement et de réception du message télévisé. Ces derniers sont dépendants de la spécificité du petit écran qui est un média d'images et de direct. Lorsqu'en 1949, dans le premier journal télévisé, placé sous l'autorité de Pierre Sabbagh, le départ du Tour de France est diffusé, Jean d'Arcy déclare : « Le direct, c'est la continuité d'un événement retransmis grâce à plusieurs caméras, ce qui rend très difficile le trucage et donne une grande impression d'authenticité. Retransmettre en direct, c'est pouvoir regarder autour de soi la vie telle qu'elle est. Le direct est l'essence même de la télévision, c'est lui qui révèle la vérité d'une situation ; de ce fait le spectacle sportif télévisé s'articule autour d'un paradoxe. Par l'image et le direct, la télévision permet d'accéder à la réalité d'un événement qui a construit sa légitimité auprès des médias grâce à l'imaginaire qu'il générait. »

Une autre interrogation est liée aux capacités du direct à reproduire la réalité d'un événement. Effectivement, le sport et le spectacle qui le prolonge entretiennent des rapports ambigus et contradictoires avec la réalité sociale. Ils se situent simultanément en dehors de cette réalité – le sport est en effet gouverné par des règles qui lui sont propres, dans des espaces spécifiques –, mais parallèlement, il est une pratique sociale très répandue et les transformations successives des disciplines ont suscité plusieurs types d'analyses de la part des sociologues et des historiens[10]. Quel est dans ce cas, la nature du spectacle proposé par la télévision ? S'agit-il, pour le petit écran, dans les situations de direct, de rendre compte de la réalité d'un événement qui se fonde à la fois sur la rationalité de l'exercice physique et sur l'émotion procurée par son spectacle ? La télévision n'est-elle que le prolongement du spectacle vivant produit dans l'enceinte du stade ou, au contraire, assistons-nous à un spectacle qui lui est propre ? Dans cette dernière hypothèse, quels sont les liens entretenus par le spectacle sportif télévisé et la réalité sociale ?

Patrick Charaudeau[11] précise que : « Les médias ne transmettent pas ce qui se passe dans la réalité sociale, ils imposent ce qu'ils construisent de l'espace public. » Le sport, objet de mise en spectacle et de médiatisation, générateur d'audience, doit aussi être appréhendé dans ses effets au sein de l'espace public. Jürgen Habermas[12] analyse le processus au cours duquel le public constitué d'individus faisant usage de leur raison s'approprie la sphère publique contrôlée par l'autorité et la transforme en une sphère où la critique s'exerce contre le pouvoir de l'État. La fin du XIXe siècle était le moment d'oppositions idéologiques fortes entre socialistes et catholiques, modernistes et traditionalistes, classes ouvrières et patronat. Le sport et la jeunesse furent aussi l'objet d'enjeux importants. La formation d'associations et de ligues d'obédience idéologique en témoigne et il fallait des supports afin de transmettre ces positions. Dans le même temps, le sport remplissait une fonction de dérivation de l'agressivité et de réduction de la tension sociale. Selon Jacques Defrance[13], la critique sociale marxiste présente cette efficacité supposée sous un jour négatif, puisque l'atténuation de la tension et la dérivation de la violence vers les jeux gratuits sont présentées comme se faisant aux dépends de la mobilisation révolutionnaire et de la conscience de classe. De fait, dans des pays comme la France, même à l'époque du sport prolétarien et des jeux Olympiques ouvriers (1920-1936), les militants politiques – communistes et socialistes – sont restés méfiants à l'égard du sport qui semblait détourner les ouvriers de questions véritablement importantes. Dans ce cas, quel rôle joue le spectacle sportif télévisé au sein de l'espace public ? Dans les années soixante, puisque la logique de la télévision est fondée sur un pouvoir de contrôle important, le spectacle sportif télévisé ne serait-il pas le catalyseur d'une société qui ressemblerait à cette société romaine qui délégua ses pouvoirs et abandonna ses énergies à Auguste, pourvoyeur de vivres et de distractions[14]. Cette télévision d'État reprendrait à son compte cet adage : *Panem et circences* (du pain et des jeux).

Le spectacle sportif télévisé, entre réalité et imaginaire

Le sport et le spectacle sportif apparaissent comme des lieux de contradictions avec la réalité sociale. Le sport est une pratique sociale qui se fonde sur le jeu et qui se déroule dans un espace-temps clos. Le stade, le gymnase, la piscine sont des enceintes isolées du reste de l'espace social. Pendant la durée de la compétition, les gestes, les actions, les comportements semblent ne pas avoir de conséquences en dehors de l'enceinte. Mais selon les travaux critiques (freudo-marxistes), le sport remplit une fonction de dérivation de l'agressivité et de réduction de la tension sociale comme Jean-Marie Brohm[15] le formule, et qui appelle à une analyse critique de la culture de masse et de l'aliénation des classes populaires par l'industrie du spectacle sportif.

Le sport n'est pas uniquement un jeu, une action, une domination sur autrui ou sur soi-même, il est aussi un spectacle. La télévision, dans ses situations de direct, a pour point de départ, le spectacle vivant. Georges Vigarello[16] nous rappelle qu'au XVIIᵉ siècle, le spectacle consistait à maintenir et à exhiber les hiérarchies de caste. Le spectateur devait assister à la confirmation de l'ordre, d'où des épreuves et des techniques souvent infléchies et aménagées pour mieux respecter cet ordre. À cette époque, le sport est bien souvent l'expression de l'élégance. L'allure prime sur la force. Avec les pratiques populaires traditionnelles, le rapport au spectacle change : acteurs et spectateurs souvent mêlés, privilégient l'action sur le regard. Toujours d'après Vigarello, une des ruptures entre les pratiques populaires traditionnelles et les sports qui les prolongent est, à la fin du XIXᵉ siècle, celle du spectacle. Une spectacularisation croissante même jusqu'à l'art de la mise en forme. Les actions sont agencées pour être vues, les lieux repensés et réorganisés pour le regard (pistes, terrains...). On assiste alors au transfert des pratiques exercées dans la nature vers le stade, grâce à l'aménagement des espaces et des temps, à la création de stades facilitant le flux des spectateurs, à la gestion des foules. Les médias en général et la télévision en particulier créent de nouveaux espaces de réception.

Cette relation entre réalité sportive et réalité sociale trouve aussi ses fondements dans l'Olympisme. Georges Vigarello nous précise qu'il apparaît une idéologie toute particulière dans les toutes premières spectacularisations sportives. Les imaginaires générateurs de la fin du XIXᵉ siècle l'emportent et Coubertin est habité par cette volonté d'édification qui est d'offrir une exhibition de comportements exemplaires, de mettre en scène des symboles. On assiste à la théâtralisation d'une morale laïque, avec un recours parfois explicite aux références religieuses : « La première caractéristique essentielle de l'Olympisme moderne c'est d'être une religion[17]. » L'Olympisme de Pierre de Coubertin exprime par ailleurs une autre dimension, c'est l'émergence d'une pratique sportive qui se doit d'être déconnectée de la réalité sociale : d'une part en mettant l'accent sur les imaginaires, d'autre part en « libérant » le sport de tout lien avec l'argent, la politique. Deux « modèles » sportifs s'affrontent alors. En effet, l'une des innovations principales du Tour de France est la professionnalisation des coureurs qui permet ainsi aux classes populaires d'accéder à la pratique du cycle ; cette conception du sport est en opposition avec celle défendue par Pierre de Coubertin, qui prône l'amateurisme, réservant ainsi les compétitions aux couches aisées de la population. La périodicité de l'épreuve influe également sur l'engagement professionnel des participants : en se déroulant tous les ans, le Tour de France devient une épreuve parmi d'autres compétitions cyclistes ; de plus, la disponibilité, l'entraînement nécessaire et la nature de la course, longue et difficile, sont des facteurs déterminants quant aux origines sociales de recrutement des coureurs dont la professionnalisation apparaissait incontournable. En revanche, les compétitions olympiques, quadriennales, n'imposent pas les mêmes contraintes. La professionnalisation aurait alors un effet de démocratisation, favorisant ainsi la mobilité sociale, alors que l'amateurisme, servant la cause aristocratique et bourgeoise, serait teinté de conservatisme.

Si la télévision, grâce au direct, reproduit la réalité sportive, elle engendre aussi cette distanciation avec la réalité sociale. Mais cette distance supposée est discordante. Les travaux[18] qui ont permis de développer une approche socioculturelle des pratiques montrent ainsi que le sport n'est pas dénué de liens avec la réalité sociale. Pour Michel Bernard[19], le spectacle sportif n'est pas la représentation d'une histoire singulière d'événements fictifs ou vrais, le simulacre d'un conflit passé ou imaginaire ; simulacre préparé et élaboré pour satisfaire à la curiosité et si possible, provoquer des émotions. C'est bien au contraire la réalité présente qui est exhibée : celle d'une confrontation intergroupale universellement et rigoureusement codée, contrôlée et jugée. En fait toute compétition s'offre au regard comme une pratique rituelle et actuelle… Le sport est le théâtre d'un spectacle vivant, il y fait vibrer les émotions, comme l'exprime Alain Ehrenberg : « Catalyseur affectif, le spectacle sportif accroît la possibilité d'éprouver des émotions et autorise à s'y abandonner. Aujourd'hui, les champions, chargés de symboles, mettent en scène les hauts et les bas de l'individu ordinaire[20]. »

La médiatisation du spectacle vivant

Depuis le début du XXᵉ siècle, des liens de connivence se créent entre les organisateurs de spectacles vivants et de compétitions, avec la presse écrite et les partenaires industriels. Pierre Giffard et Henri Desgrange s'affrontaient pour l'organisation de compétitions, dans des enceintes sportives dont ils étaient propriétaires, et ceci dans le but d'assurer la promotion de leur journal[21]. Le spectacle vivant et les récits sportifs entretiennent donc des relations de réciprocité : le récit trouve son fondement dans l'événement sportif, l'événement prend une dimension particulière grâce à la nature du récit. Georges Vigarello[22] nous montre très clairement, comment le journal L'Auto, créateur du Tour de France, construit et vend l'imaginaire qui accompagne l'épreuve. Bernard Jeu[23] parle d'un lyrisme inéluctable compte tenu de la nature même du sport. La relation « sport-médias » est articulée depuis ses origines par des logiques d'innovation et de promotion[24] ; de ce fait, de nouveaux genres de récits apparaissent et le traitement du sport devient alors aussi un prétexte pour alimenter les colonnes des journaux d'une forme de poésie. Le récit sportif a permis d'élargir le lectorat et a été à l'origine du développement d'une presse populaire. Les médias donnent à lire, à entendre et à voir à ceux qui ne peuvent se déplacer sur les lieux de l'événement. Mais l'intention n'est pas uniquement de rendre compte de l'événement, l'information sportive apparaît aussi comme une « mise en forme qui tend à embellir son objet et à se faire poésie ». Bernard Jeu précise que cette fonction poétisante est principale. « Avec elle, on atteint le point le plus élaboré de l'esthétique du sport. Elle entretient et amplifie la compétition, lui donnant un ton vibrant et personnel, exalte l'exploit, suscite la rivalité, appelle l'exemple, sollicite la participation, crée une atmosphère[25]. »

Une évolution de la mise en visibilité du spectacle vivant

Avec l'arrivée de la télévision, le sport trouve un nouvel allié dans l'image et le direct. Mais l'image influe sur la crédibilité des récits. Fondé jusqu'alors au sein de la presse écrite et de la radio sur la valorisation de l'événement et sur l'imaginaire généré, le discours sportif risque de se trouver affecté par la mise en visibilité de l'épreuve. De plus la simultanéité entre l'événement et le commentaire ne permet plus de disposer du temps suffisant pour construire des récits poétiques et lyriques. Cette évolution du spectacle sportif télévisé peut être repérée dans le découpage de quatre périodes[26].

De 1948 à 1958, « la bataille identitaire » du petit écran conduira les promoteurs de la télévision à imposer un nouveau média s'appuyant sur l'image et le direct, qui conduit à des comparaisons entre les autres médias, le cinéma producteur d'images et le spectacle vivant producteur de l'événement.

De 1959 à 1984, la télévision cherche à reproduire ce que l'on pourrait qualifier de « réalité sportive ». Le spectacle vivant devient accessible au plus grand nombre, par l'intermédiaire du petit écran. Le direct (alors la forme de diffusion recherchée) est réalisable grâce à l'amélioration des conditions techniques des retransmissions.

De 1985 à 1998, les chaînes de télévision devenues concurrentes, visent à attirer des publics de plus en plus variés. « La construction d'une nouvelle visibilité » permet d'optimiser le spectacle vivant et d'intégrer de nouvelles formes de promotion par la multiplication des stratégies marketing.

Demain, assisterons-nous à la construction d'une « réalité virtuelle », véritable déconstruction-reconstruction du spectacle vivant, dont l'utilisation nouvelle semble présenter le double avantage d'échapper aux aléas imposés par le direct, et de promouvoir de nouvelles formes de distribution d'images ? L'incertitude du sport (l'issue du résultat de la compétition), peu compatible avec les exigences économiques, tend à disparaître au profit de la rentabilité.

1. Jean-Jacques Bozonnet, *Sport et Société*, Paris, *Le Monde* éditions - Marabout, 1996.
2. La première retransmission date du 6 juin 1947, lors d'un gala au théâtre des Champs-Élysées pour commémorer le débarquement allié.
3. François Mitterrand, secrétaire d'État à l'Information, signe le 20 novembre 1948 un arrêté fixant les normes du réseau français : 819 lignes.
4. Jean-François Bourg et Jean-Jacques Gouguet, *Analyse économique du sport*, Paris, PUF, 1998
5. Philippe Gaboriau, *Le Tour de France et le vélo, histoire sociale d'une épopée contemporaine*, coll. « Espaces et Temps du Sport », Paris, L'Harmattan, 1995.
6. Paul Boury, *La France du Tour, le Tour de France, un espace à géographie variable*. coll. « Espace et Temps du Sport », Paris, L'Harmattan, 1997.
7. Yvon Leziart, *Sport et Dynamique Sociale*, Joinville-le-Pont, Actio, 1989.
8. Georges Vigarello, « Le Tour de France », in Pierre Nora, *Les Lieux de mémoire III, les France, 2. Traditions*, Paris, Gallimard, 1992.
9. Norbert Elias, *Sport et civilisation. La violence maîtrisée*, Paris, Fayard, 1994.
10. Jacques Defrance, *Sociologie du Sport*, Paris, La Découverte, 1995.
11. Patrick Charaudeau, *Le Discours d'information médiatique. La construction du miroir social*, coll. « Médias Recherches », Paris, Nathan-INA, 1997.
12. Jürgen Habermas, *Archéologie de la publicité comme dimension constitutive de la société bourgeoise. Critique de la politique*, Paris, Payot, 1962.
13. Jacques Defrance *op.cit.*
14. Jean-Baptiste Fages, « Jeux sur les ondes », *Miroirs de la société, Médium Mame*, 1972.
15. Jean-Marie Brohm, *Sociologie politique du sport*, Paris, Édition J.-P. Delarge, 1976.
16. Georges Vigarello, *Une histoire culturelle des sports, technique d'hier et d'aujourd'hui*, Paris, EPS/Laffont, 1988.
17. Pierre de Coubertin, Message radiodiffusé de Berlin, le 4 août 1935.
18. Pierre Bourdieu, *Sur la télévision, raison d'agir*, Paris, LIBER édition, 1996. Voir aussi : Pierre Bourdieu, « Les Jeux Olympiques. Programme pour une analyse », *Actes de la recherche en sciences sociales*, n° 103, 1994.
19. Michel Bernard, « Le Spectacle sportif. Les paradoxes du spectacle sportif ou les ambiguïtés de la compétition théâtralisée », in Christian Pociello, *Sport et société. Approche socio-culturelle des pratiques*, Paris, Vigot, 1981.
20. Alain Ehrenberg, *Le Culte de la performance*, Paris, Calmann-Levy, 1991.
21. Henri Desgrange et la famille Goddet sont à la fois : propriétaires du vélodrome de la Seine, puis du Parc des Princes et du vélodrome d'Hiver ; dirigeants du journal *L'Auto* et organisateurs de compétitions comme « le Tour de France », « les 6 jours de Paris ».
22. Georges Vigarello, « Le Tour de France, une épreuve capitale », *Les Dossiers du Canard*, juin 1982.
23. Bernard Jeu, *Le Sport, la mort, la violence*, Lille, Édition universitaire – Université Lille III, 1975. Voir aussi : Bernard Jeu, *Le Sport, l'émotion, l'espace*, Paris, Vigot, 1983.
24. Fabien Wille, « Une diachronie du spectacle sportif télévisé – Des logiques d'innovations et de promotion », in *Sport et télévision – Regards croisés*, coordination Bernard Leconte, Paris, L'Harmattan, 2000.
25. Bernard Jeu, *op. cit.*
26. Fabien Wille, *op. cit.*

Voir aussi :
* Jean-Michel Bertrand, « Histoire du direct sportif », colloque « Chronologie des grands événements techniques et sportifs », *Accès n° 4*, Paris, Carrefour international de la communication, juin 1986.
* Pierre de Coubertin, « Textes choisis », Tome II, in Camille Fichefet et Jean Corhumel, *Les Jeux olympiques : des origines à nos jours*, Paris, Marabout, 1964.

ÉMISSION *ÉTAT D'URGENCE*, 1954 ; © INA

La mise en scène
des Français par la télévision

FRANÇOIS JOST

Professeur à l'université de la Sorbonne nouvelle-Paris III

Depuis son origine, la télévision s'efforce de donner l'impression à ses téléspectateurs qu'elle est attentive à leur propre vie et aux problèmes de la société dans laquelle ils baignent. Certaines questions reviennent périodiquement, avec une insistance lancinante : la délinquance, le logement, les relations parents-enfants, la vie amoureuse ; d'autres surgissent à ces moments-clés que provoque l'élaboration des lois touchant à la vie privée des Français (l'avortement). Quoi qu'il en soit de ces répétitions et de ces différences, ce sont d'abord ceux à qui l'on décide de donner la parole qui témoignent de changements véritables dans l'idée que l'on se fait de l'individu représentant le Français. D'abord sollicité en tant que représentant d'une fraction de la société rappelée à son devoir de citoyenneté, puis envisagé comme être libre doué de raison, le téléspectateur deviendra progressivement une unité statistique pour laisser finalement place, dans les années quatre-vingt-dix, à une pure individualité, revendiquant haut et fort de voir triompher sa vérité. « Tout le monde ne peut dire la vérité, mais chacun peut l'être », disait Kafka. Tel serait, ramassé en quelques mots, le trajet accompli par la télévision au xxᵉ siècle : d'une prétention à une vérité mesurée à l'aune de la volonté générale et des pouvoirs de la raison, au règne de l'homme, mesure de toute chose.

La télévision comme lien social

À force de mettre l'accent sur les liens qu'a entretenus la télévision publique avec le pouvoir, notamment sous la présidence du général de Gaulle, on perd de vue le fait qu'au sortir de la guerre, dans la tête de quelques-uns était dévolue à la télévision une mission de réconciliation. Ceux qui la font à cette époque – producteurs, réalisateurs – ont pour beaucoup une sensibilité de gauche et se font une haute idée du rôle social qui doit être le leur[1]. En témoigne cet article de 1953, qui appelle de ses vœux une télévision qui ne soit pas un média parmi d'autres (même si le mot est anachronique), mais un média au-dessus des autres, comme on dit « au-dessus des partis » : « Le journalisme travaille dans le même sens que les partis politiques à décomposer la communauté française. […] Le ton généralement adapté est celui qui favorise la hargne du citoyen-contribuable. […] La presse dissout le pays et empêche la télévision de refaire l'unité. [...] Si, en 1953, les paysans, les viticulteurs, les postiers, les cheminots pouvaient entrer par la télévision dans chaque foyer et exposer leurs difficultés, tout citoyen – qu'il soit lecteur de *L'Aurore* ou de *L'Humanité* – pourrait se faire une idée par lui-même de la question. Si toutes les professions, dirigeants et exécutants, venaient déposer à la barre de la nation, un nouvel esprit collectif naîtrait de ces rapports. Pour instaurer la justice dans les cœurs, il faut d'abord la mettre dans les esprits[2]. »

Comme on le voit, la confiance est grande dans les pouvoirs de la raison : que tous s'expriment et chacun sera raisonnable. Informer, c'est former, et apprendre, c'est déjà comprendre. Dans ces formules se trouvent bien les racines de ce qu'on a appelé, pour de mauvais motifs, la « télévision des instituteurs » : si elle se rapproche de l'École, c'est moins parce qu'elle cherche à imposer un pouvoir venu d'en haut, une leçon à apprendre, que parce qu'elle partage l'optimisme humaniste de ceux qui voient une relation de cause à effet entre la connaissance et l'action, entre le savoir et l'éthique. C'est d'ailleurs bien cette capacité à éclairer par la raison qu'il est demandé à l'École d'apporter à la télévision : « Est-ce l'Éducation nationale qui fera l'unité nationale[3] ? », interroge-t-on encore en 1953. Les émissions d'un jeune instituteur de l'Aisne passé à la télévision vont répondre, comme en écho, à ces interrogations. Sous le titre générique *État d'urgence*, treize émissions vont se donner pour tâche de faire comprendre le monde de la campagne aux citadins, comme le dit très clairement Roger Louis dès le premier soir : « À qui s'adresse-t-elle, cette émission ? Elle s'adresse d'abord à vous. À vous, citadins, parce qu'il est indispensable que vous sachiez la somme d'efforts, de labeur, de peines que cause l'apparition de ces produits. Elle s'adresse aussi à vous, paysans, car, si on a le devoir de vous aider et si vous avez un certain nombre de droits, vous avez aussi un devoir principal, c'est celui de mettre dans l'assiette des autres des produits de meilleure qualité possible au meilleur marché possible. Ça s'adresse aussi à vous, *téléclubs*, parce que nous avons été chez vous, nous avons été sur place. Les films qui vont paraître dans cette émission ont été tournés chez vous, avec vous, et si vous voulez bien, on va en parler ensemble, de ces problèmes, les examiner ensemble, essayer de trouver ensemble les solutions[4]... »

« Droit », « devoirs »... Acteurs et spectateurs de l'émission sont convoqués sur le mode de la citoyenneté. Au centre du dispositif trône la télévision, grâce à laquelle doit se resserrer le lien social. Dans ces années où on ne dénombre que quelques dizaines de milliers de postes, l'appel au dialogue n'est pas simple rhétorique. Si des paysans viennent à la télévision pour témoigner de leurs problèmes, la télévision vient aussi à eux par l'entremise des *téléclubs*. « L'Esprit de communauté », autre épisode d'*État d'urgence*, raconte l'histoire de l'acquisition collective d'un téléviseur[5]. Très vite, on prend conscience que l'écoute d'un même programme au même moment va constituer une communauté virtuelle :

« Vous ne savez pas, dit Roger Louis, que par-delà cette communauté locale vous allez vous intégrer dans une communauté plus vaste. Vous allez rire, réagir en même temps que les autres spectateurs. »

Le téléspectateur face à sa conscience

Cette confiance dans le pouvoir de la raison, on la retrouve dans de nombreuses émissions. Qu'il s'agisse d'un jeu ou d'une fiction, le téléspectateur est placé dans une position active, comme le suggèrent certains titres d'émissions. Bien loin d'être une institution qui dicte des réponses, cette télévision de la fin des années cinquante et du début des années soixante se caractérise plutôt par son obstination à poser des questions et à les soumettre au jugement du téléspectateur. Aucune émission n'est plus emblématique de cette démarche que *En votre âme et conscience*, qui reconstitue de grandes affaires judiciaires en les lui présentant comme s'il était lui-même juré : « Alors, que pensez-vous de ce couple ? Car, j'imagine que vous l'avez déjà compris, les deux autres, ceux qui sont assis au second rang, sont des comparses sans importance… » (ORTF, 22 octobre 1957).

Cet appel au jugement en conscience ne se limite pas au réexamen des grandes affaires criminelles, il est aussi le mode privilégié d'interrogation des Français sur les débats qui secouent alors la société. Deux adolescents décident de fuguer pour vivre leur amour malgré leurs parents… L'émission *Qu'en pensez-vous*[6] présente d'abord le récit de cette aventure en accordant une place prépondérante aux pensées qui traversent les deux jeunes gens (par l'entremise de leur voix off). Le film fini, on se retrouve dans une salle de cinéma où des spectateurs, eux aussi adolescents, vont exprimer les réflexions que leur inspire cette aventure qui pourrait (ou qui aurait pu) leur arriver : « Je pense, vu la réaction des parents […], que les parents vont comprendre qu'ils se sont trompés. » ; « Ce qu'il faut, c'est qu'ils ne se revoient pas fréquemment. » ; « Je veux pas les critiquer, mais je trouve qu'ils prennent un mauvais départ […] parce qu'ils sont trop jeunes. »

Une émission des années soixante, *Jeux de société,* va aller plus loin encore en intégrant des réactions de spectateurs au déroulement du récit lui-même[7]. Un homme apprend que sa femme est atteinte d'une maladie grave au moment où il est promu sur le plan professionnel. Que doit-elle faire pour se soigner ? Comment le mari doit-il traiter sa femme ? Quelle place doit occuper sa carrière par rapport à sa vie privée ? Chaque avancée du récit est soumise aux jugements d'hommes et de femmes anonymes filmés en gros plans sur un fond noir : « Elle devrait prendre des antibiotiques. » ; « Si c'était ma femme, je lui rapporterais quelque chose de petit et pas trop cher… » Ces opinions sur les faits et gestes des personnages sont même les seuls mots que l'on entend, tout dialogue étant banni de ces récits.

De même que la tragédie grecque était menée par le chœur, les opinions des Français, dans leur diversité et leurs contradictions, traitent des problèmes éthiques que pose tel ou tel dossier enfoui dans l'image : plutôt que de disserter de façon abstraite, ces films utilisent la logique du jeu de rôles pour communiquer à leurs destinataires, via le récit, l'alternative définitoire d'un cas de conscience, un peu comme une tragédie de Corneille exemplifie un dilemme par une intrigue. Ces films qui prétendaient être des émissions « sans comédiens, où chaque participant joue le rôle qu'il a dans la vie[8] » déclenchèrent, sans doute, l'une des premières polémiques sur les représentations des Français et sur les frontières réalité/fiction, quand l'héroïne confessa à *France-Soir* (24 avril 1965) : « C'est une situation qui pourrait m'arriver. Mais, pour l'instant, je ne suis ni mariée ni malade. »

Émergence du Français comme unité statistique

Quoi qu'il en soit des interrogations sur la mise en scène de l'opinion, et sur son degré de préméditation, cette soumission directe des questions à la conscience est bien différente de la mise en scène de l'opinion qui va se développer à partir des années soixante-dix. À l'ère de la diversification des opinions succède celle de l'unification : « aux opinions », au pluriel, se substitue « l'opinion », au singulier, dont les sondages deviennent l'instrument de mesure officiel. Dès le 19 janvier 1970, le journal télévisé interroge les passants sur cette pratique et, quelques jours plus tard, l'émission *Panorama* explique longuement le fonctionnement de l'organisme chargé de « sonder les cœurs » (l'IFOP), pour « connaître l'opinion publique », expression qui marque la fin d'une époque, celle où chaque Français ne représentait que lui-même. Malgré les réserves sur les cadences des sondages, Pierre Viansson-Ponté, directeur du *Monde*, y voit un « moyen d'information considérable » et François Mitterrand appelle de ses vœux la « démocratisation des sondages ».

Ces témoignages fragmentaires que sont les micro-trottoirs ne sont plus utilisés par l'information en vue de faire connaître aux téléspectateurs la diversité des avis, mais plutôt pour venir étayer une hypothèse préconçue ou pour illustrer telle ou telle réaction des Français. À l'adresse directe au téléspectateur interpellé jusque dans l'intimité de son foyer succèdent des pourcentages d'individus considérés comme homogènes, grandes masses qui s'identifient parfois à la totalité des citoyens. Cette évolution est particulièrement sensible dans les émissions politiques comme en témoigne cet échange entre Georges Marchais, secrétaire général du parti communiste français, et Jean-Pierre Elkabbach :

« G. M. : Je reçois chaque jour des lettres de gens qui me disent : nous vous soutenons, continuez !

J.-P. E. : Monsieur Marchais, ça fait 21 - 22 % !

G. M. : Pourquoi voulez-vous compter[9] ? »

Au cours de cette décennie, la logique arithmétique sera bien souvent un argument déterminant pour les journalistes[10], « ce que *les Français* auront peut-être du mal à comprendre... », objecte Alain Duhamel à François Mitterrand[11].

Pour apprécier la réussite de la prestation en direct d'un homme politique, *L'Heure de vérité* mettra d'ailleurs en place un système de sondage en temps réel qui jouera dans l'émission le rôle du jugement dernier : « Nous allons nous tourner vers les téléspectateurs pour savoir s'ils sont satisfaits de vos réponses[12]... » Du citoyen satisfait au téléspectateur satisfait, il n'y a qu'un pas, que la mesure médiamétrique aidera à franchir puisque, à son tour, elle évaluera le succès d'un programme en fonction des statistiques. Dans le champ des émissions qui se préoccupent de renvoyer aux Français leur image, *F comme Français*[13] est très symptomatique de cette extension de la logique des chiffres. Des reportages y illustrent les grands types de familles dégagés par les « sociostyles » de Bernard Cathelat. La mise en scène de la vie d'un jeune homme est destinée à montrer ce que sont les « recentrés » : il file à travers Paris sur son vélomoteur de livreur, regarde un film d'action, écoute des disques, participe à une fête entre amis, etc. Ces scènes feintes n'ont aucune valeur en tant qu'événements singuliers, elles ne sont que des exemples types du mode de vie d'un individu moyen qui, lui, est considéré comme vrai.

Aux larmes, citoyens !

Pendant le septennat de Valéry Giscard d'Estaing, l'individualisme revient avec force, et trouve son point d'orgue dans ce titre d'une nouvelle émission de Pascale Breugnot, *Moi, Je* (1981). Sur ce terreau se développeront dans les dix années suivantes les *reality shows*. Il ne s'agit plus de se mettre imaginairement à la place de l'autre et d'examiner en conscience ce que l'on ferait, mais d'affirmer d'emblée l'intérêt que l'on porte à sa situation personnelle. À en croire certains producteurs, avec ces émissions, la télévision privée aurait enfin libéré le citoyen du joug sous lequel le maintenait la télévision d'État : « Les citoyens ont décidé de s'approprier la télévision, jusque-là réservée aux clercs, et de partager avec les autres les réflexions que leur apportent leurs propres expériences[14]. » Ou encore : « La télévision, qui, pendant cinquante ans, a exprimé un pouvoir moral, esthétique, venu d'en haut, se trouve aujourd'hui dans l'obligation de composer avec la biographie de ceux qui la regardent. De téléspectateur passif, le citoyen-spectateur veut et doit devenir le sujet de son histoire[15]. » Premier mouvement de cette prétendue émancipation du téléspectateur par le récit, *La Nuit des héros* (1991). À en croire la voix off introduisant l'émission, l'aventure est au coin de la rue, qui, d'un coup, peut faire « basculer » la vie de l'anonyme : « Ce sont des gens comme vous et nous. Mais en un instant, pour eux, tout a basculé, et ils ont vécu l'aventure de leur vie. Ce soir, ils entrent dans la nuit des héros. » (A 2, 4 avril 1992).

Accident automobile, incendie, enfant qui s'étouffe, tout est occasion pour accéder enfin à cette minute de célébrité prédite par Warhol. Dans ce contexte, les larmes deviennent le mode universel de communication. Grâce à elles, on peut tout exprimer : la joie de retrouver un parent que l'on n'a pas vu depuis longtemps : *Perdu de vue*, l'émotion que l'on éprouve à évoquer son enfance : *L'Amour en danger*. La gamme des émotions visibles se rétrécit considérablement, le bonheur comme le malheur, le plaisir comme la surprise s'exprimant de la même façon, celle sans doute qui est aussi immédiatement visible par le téléspectateur.

Le témoignage comme contre-pouvoir

Les années soixante sont loin, où les opinions des témoins passaient par la parole et où tout sentiment devait pouvoir être verbalisé ! Cette primauté du témoignage singulier, qui n'est plus la simple illustration d'une donnée statistique, s'accompagne dans les années quatre-vingt-dix d'une remise en cause des institutions : la parole du témoin devient la mesure de toute chose. Les producteurs de télévision présentent d'ailleurs leurs *reality shows* comme des réponses à la déliquescence institutionnelle, que ce soit à travers leurs déclarations dans la presse ou dans la présentation de leurs émissions : « Vos appels permettront de trouver des faits nouveaux pour relancer des affaires actuellement dans l'impasse. », dit Jacques Pradel en ouverture de *Témoin n° 1* (24 avril 1995). Ceux qui viennent témoigner s'en prennent ouvertement aux décisions de justice : « Je n'accepte pas cette thèse [...]. J'espère que des gens viendront témoigner pour m'apporter une autre vérité. » (16 octobre 1995) ; « Nous ne sommes pas satisfaits par le non-lieu qui a eu lieu. » (24 avril 1995) ; « Pourquoi la justice ne fait pas toujours ce qu'elle devrait faire ? » (24 avril 1995).

Ce mouvement de contestation de la justice va culminer avec le traitement par *Témoin n° 1* de l'affaire de la profanation du cimetière juif de Carpentras. Pradel présente d'abord le témoignage comme un contre-pouvoir, une alternative à la vérité officielle : « Vous découvrirez comment de simples témoignages, au départ, peuvent déboucher sur de véritables révélations, et je pense à l'affaire, aux affaires de Carpentras. » À l'origine de ce dossier, un « appel solennel » que veulent lancer la veuve de M. Germont, dont la tombe a été profanée, et son cousin : « Des bandes de jeunes se rendaient au cimetière pour se droguer et pour faire des parties fines... Ici, tout le monde connaît la vérité, ce sont des nantis. » Me Collard, l'avocat des Germont, enchaîne : « On sait que ce n'est pas le Front national, il y a mensonge d'État [...]. Il faut que tous ceux qui savent aient le courage de dire... »

Afin d'étayer la « piste » de la jeunesse dorée, l'animateur, qui connaît les accents de vérité de la parole à la première personne, reconstruit alors un scénario sur la base de témoignages déjà diffusés à propos d'une autre affaire, ayant aussi pour cadre Carpentras. Le système de la preuve repose, certes, sur des amalgames, mais il tient surtout à l'irréfutabilité des témoignages, affirmée par Pradel : la vérité est là et il suffit de la dire pour la faire exister, ce qui serait simple si les pressions politiques ne pesaient pas sur les témoins... De proche en proche, cette théorie du complot va accréditer, selon l'animateur, la thèse du « mensonge d'État », qui sera également au cœur d'une manifestation du Front national contre le gouvernement. Loin d'être l'expression d'une réflexion en conscience, le témoignage télévisuel est brandi comme une arme politique que la télévision oppose aux institutions en place[16].

Bien entendu, il faut se garder de voir dans ce bref historique de la mise en scène des Français des étapes bien séparées, chacune marquant la fin de la précédente. Il en est de l'histoire de la télévision comme de toute histoire : « ceci ne tue pas cela », et aujourd'hui encore peuvent cohabiter sur les petits écrans des modes de représentations bien différents, selon les heures et les chaînes. Sans doute faudrait-il renverser la perspective et voir chaque mise en scène des Français comme une figuration qui n'aurait pas été possible dans l'époque précédente. À cet égard, il serait bien naïf de croire que la télévision invente des images de la société. Disons plutôt que, comme les étoiles disparues, elle nous renvoie, bien après qu'elle s'est éteinte, la lumière des débats politiques passés.

1. Voir Jérôme Bourdon, *Haute fidélité, pouvoir et télévision 1935-1994*, Paris, Le Seuil, 1994, p. 32.
2. Raymond Pichard, *Radio-cinéma-télévision*, 1er novembre 1953.
3. *Radio-cinéma-télévision*, 8 novembre 1953.
4. « Ce que j'ai vu chez vous », Marcel Bluwal, diffusion le 7 janvier 1954.
5. Diffusion le 4 février 1954.
6. Collection d'émissions de Jacques Krier et Jean-Claude Bergeret diffusées entre le 27 janvier 1959 et le 27 septembre 1963.
7. Collection d'émissions de Danièle Hunebelle, diffusées entre le 21 décembre 1963 et le 8 mars 1968 sur la deuxième chaîne.
8. Présentation d'« Une maladie », collection *Jeux de société*, A 2, 23 avril 1965.
9. *Cartes sur table*, diffusion le 1er février 1978.
10. Comme le note Jean-Pierre Esquenazi : « Ils ont nommé cette foule "opinion publique" et ont gagné le droit de parler en son nom à travers leur alliance avec les instituts de sondages. », in *Télévision et démocratie, le politique à la télévision française, 1958-1990*, Paris, Presses universitaires de France, 1999.
11. *Cartes sur table*, A 2, 21 septembre 1977.
12. Émission avec Jacques Delors, 1982.
13. Production : Pascale Breugnot, réalisation : Mathias Ledoux et Jean-François Perthuis, diffusion le 30 octobre 1986 sur A 2.
14. Pascale Breugnot, *L'Événement du jeudi*, repris dans « Les Approches du téléspectateur », *Dossiers de l'audiovisuel*, n° 51, septembre-octobre 1993.
15. Philippe Plaisance, *Libération*, 8 janvier 1992.
16. Sur cette affaire vue par *Témoin n° 1*, voir aussi François Jost, *Introduction à l'analyse de la télévision*, Paris, Ellipses, 1999. Sur la représentation des Français à la télévision : François Jost, *Au nom du réel*, Paris, de Boeck-INA, 2000.

Sur la Route de la Victoire.

Pinx S. Solomio.

Reproduction interdite.

Si je n'y suis, que Dieu m'y mette,
Et si j'y suis, que Dieu m'y tienne

Visé Par.s
2252
I. M. L.

SUR LA ROUTE DE LA VICTOIRE, CARTE POSTALE PATRIOTIQUE ÉMISE PAR LA CROIX-ROUGE FRANÇAISE, 1916 (CENTRE JEANNE D'ARC, ORLÉANS) ; © DR

Jeanne aux miroirs

SYLVIE LINDEPERG

Maître de conférences à l'université de la Sorbonne nouvelle-Paris III

« La mémoire de Jeanne n'est pas une mémoire neutre : fractionnée, débattue, instrumentalisée, elle exprime aussi les conflits d'idées qui ont divisé les Français depuis l'aube des Temps modernes[1]. » Les différents usages de la figure johannique invoqués par Michel Winock s'autorisent du mystère d'un personnage qui traversa l'histoire avec une brièveté aussi décisive que fulgurante ; ils se renforcent par ailleurs de l'absence originelle de trace iconographique. Certes, le 10 mai 1429, Clément de Fauquembergue, greffier au Parlement de Paris, esquissa le premier portrait de Jeanne dans la marge du registre mentionnant la reprise aux Anglais de la Bastide des Tourelles. Cependant, bien que contemporain de l'événement, ce croquis de la Pucelle forgé dans le camp ennemi se prêtait déjà aux infiltrations du légendaire. Des récits sur la guerrière d'Orléans parvenus jusqu'à Paris, Fauquembergue avait retenu les attributs de la bannière et de l'épée[2] qu'il reporta sur son dessin ; en revanche, l'apparence physique de la jeune fille fut laissée à l'entière imagination du greffier qui lui fit porter robe et longs cheveux. Si l'esquisse de Fauquembergue fut redécouverte tardivement, les statues, peintures et gravures de l'héroïne furent légion à partir du XVIe siècle. Certains portraits jouèrent à cet égard un rôle matriciel, tel celui dit des Échevins (commandé en 1 557) campant une Pucelle embourgeoisée et empanachée ; sans cesse revisitée aux goûts vestimentaires et décoratifs du jour, cette œuvre inspira peintres et graveurs pendant plusieurs siècles[3].

La carence d'image forgée par un témoin oculaire accéléra l'inévitable déplacement du regard – du personnage historique vers les modes de sa représentation – ; elle justifie les mots de Malraux si souvent cités : « Jeanne, sans sépulcre et sans portrait[4]! » Elle-même constitutive du mythe polymorphe de la Pucelle d'Orléans, l'oraison fameuse mérite d'être restituée dans une logique qui faisait du « visage inconnu » un atout permettant aux filles de France d'incarner tour à tour le symbole de « tout ce pour quoi la France fut aimée ». Dans ce même discours, Malraux prenait soin de combiner la francité de l'héroïne nationale avec l'universalité d'une figure indéfiniment appropriable.

Au xxe siècle, les usages et représentations de la Pucelle continuèrent à emprunter les voies de la peinture, du cérémoniel, de la littérature ou du théâtre ; mais elles furent désormais concurrencées par l'émergence et l'épanouissement du septième art. De 1898 à la veille de la Première Guerre mondiale, pas moins de huit films – français et étrangers – posèrent en des termes nouveaux la question de l'incarnation du personnage éponyme. Privilégier le cinéma permet d'évoquer l'universalité de la Pucelle au fil d'une lecture conjuguant la prise en compte des spécificités de chaque « médium », d'une chronologie des usages johanniques et de la typologie de quelques grands modèles de représentation souvent hérités des siècles antérieurs.

Jeanne bleu horizon : la figure du rassemblement patriotique

Dès le déclenchement de la Première Guerre mondiale, la propagande française enrôla Jeanne dans les rangs des poilus : recourant au dessin ou au photomontage, affiches et cartes postales firent apparaître la guerrière aux côtés des soldats bleu horizon ou, plus rarement, dans un face-à-face impérieux avec les Teutons. Aux légendes mobilisatrices (« Jeanne mène les poilus à la victoire » ; « Boutez-les hors ! Jeanne mène les poilus au combat » ; « La Sainte Jeanne d'Arc : Jeanne est nommée maréchal de France ») s'ajoutaient parfois quelques alexandrins besogneux : « Et quand la charge sonne, entre cris et jurons / La voix de la Pucelle est au fond des clairons / Soufflant l'amour de France avec la Sainte Haine[5]… » Reconvertie en symbole de l'Union sacrée patriotique et en emblème mobilisateur pour la reconquête de l'Alsace-Lorraine, l'épopée johannique entrait en revanche en discordance avec l'identité de l'ennemi héréditaire. C'est pourquoi, aux termes de Prussien ou d'Allemand, furent substitués ceux de « barbares » ou « d'envahisseurs abjects ». En témoigne la légende d'une carte postale d'octobre 1914 figurant la guerrière en armure surgissant des flammes d'une cathédrale incendiée (sans doute celle de Reims), symbole de « ce que le Fer et le Feu des barbares ne pourront jamais atteindre[6] ».

On retrouve la gestion complexe d'une identité nationale discordante dans le film de Cecil B. DeMille, *Joan the Woman* (1916). L'intention avouée du cinéaste américain était d'invoquer la Pucelle pour convaincre ses compatriotes des nécessités d'une intervention militaire américaine dans le conflit en cours. Pour ce faire, DeMille bâtit son film sur une homologie entre la guerre de Cent Ans et la Première Guerre mondiale ainsi qu'en témoigne le carton d'intertitre de la version française : « Jeanne d'Arc, la France a maintenu ton héroïque souvenir, et les poilus de la Grande Guerre seront tes égaux dans nos mémoires. » Des flammes du bûcher aux fumées des tranchées, le réalisateur américain usa de la surimpression pour faire apparaître sur le champ de bataille contemporain une Jeanne en armure, tout auréolée de lumière, qui tend la main à un soldat blessé. Cette séquence finale ne donne cependant qu'une faible idée de l'œuvre initiale qui fut entièrement toilettée, coupée et remontée afin d'être présentée au public français. En effet, le prologue américain de *Joan the Woman* avait déjà mis en présence le soldat (anglais) et la Pucelle, qui lui intimait l'ordre d'expier ses péchés en acceptant une mission suicide[7]. Le long flash-back de la reconstitution historique permettait dès lors d'originer la faute ; l'interprète du soldat des tranchées y réapparaissant sous les traits de l'Anglais Eric Trent, accréditait une vision de l'engagement militaire anglo-saxon comme moyen d'apurer les comptes de la guerre de Cent Ans...

Symbole du rassemblement de la Patrie en danger, Jeanne la Lorraine fut remobilisée sous l'Occupation par un pays délité. La figure johannique se vit ainsi disputée par tous les camps en présence, qui jouèrent de son ambivalence pour légitimer les tentatives d'appropriation les plus contradictoires.

« *De Jeanne d'Arc à Philippe Pétain* » (Sacha Guitry).

Le titre hagiographique du livre de Sacha Guitry illustre l'une des principales fonctions de la propagande officielle qui tenta d'identifier le Maréchal à la figure providentielle de 1429. « Pétain et Jeanne d'Arc : quel est le Français qui n'associe aujourd'hui ces deux noms », affirmait Edith Delamare dans *Révolution nationale*[8] ; à l'appui de cette thèse, la journaliste invoquait le « merveilleux et solide bon sens » que Pétain et Jeanne auraient eu en partage, « bon sens français qu'il nous faut retrouver ou périr. Bon sens français, qui est l'essence même de la Révolution nationale. » Cette fonction d'identification se retrouvait dans les fêtes johanniques du mois de mai, qui « donnèrent lieu pendant quatre ans à une glorification planifiée de l'héroïne nationale à laquelle on assimilait le maréchal Pétain[9] ». Décrite par Serge Added, la cérémonie officielle de mai 1941 fut à cet égard exemplaire : « Le parallèle Jeanne/Pétain était on ne peut plus net dans le programme du jeu dramatique présenté par Jeune France à Alger. Il montrait les deux « héros » de la nation chevauchant côte à côte[10]. » Le Maréchal prit toute sa part dans cette entreprise de récupération de la figure johannique. Le 10 mai 1941, inaugurant à Limoges puis à Chambéry le dévoilement de deux nouvelles statues de l'héroïne, Pétain proposa sa propre exégèse de la guerre de Cent Ans : « Depuis un siècle, la France s'affaiblissait en querelles intérieures qui aggravaient les conséquences tragiques de la guerre étrangère [...] ce tableau rappelle de façon saisissante celui que nous avions sous les yeux récemment encore. Mêmes faiblesses, mêmes divisions, mêmes doutes de soi, mêmes vains espoirs placés sur l'étranger[11]. » Cette homologie visant la construction de l'orateur en Sauveur et unificateur de la Patrie prend ses libertés avec l'histoire si l'on se souvient que Jeanne exprima une hostilité farouche à la trêve entre Armagnacs et Bourguignons, souhaitant ferrailler jusqu'au bout pour renouer les lambeaux du royaume...

Mais l'instrumentalisation du personnage présentait d'autres atouts que ne manquèrent pas d'exploiter les zélateurs de la Révolution nationale :

légitimiste et très chrétienne par le sacre de Reims, la Pucelle pouvait dans le même temps servir la thématique du « retour à la terre ». Aussi la presse vichyste célébra-t-elle volontiers, contre la « trahison des clercs », les vertus d'une Jeanne terrienne : « simple paysanne qui ne sait ni A, ni B, ni écrire, ni lire » *(La Croix)*, elle est porteuse du miracle, « le miracle du paysan français » *(Le Cri du peuple)* [12].

Contrairement enfin à la configuration de la Première Guerre mondiale, la désignation de l'envahisseur alimentait l'anglophobie officielle qui suivit la courbe ascendante des bombardements alliés. La presse vichyste et collaborationniste déchaînée contre une aviation anglo-saxonne qui accumulait les cendres des incendies trouva un relais efficace dans la carte postale et l'affiche de propagande. La plus célèbre reste sans doute celle exécutée en 1944 après le bombardement de Rouen : au centre du dessin montrant les ruines fumantes de la cité normande est insérée la *Jeanne en prière* sculptée par Real del Sarte (érigée en 1929 sur la place du Supplice) ; l'exécution de l'affiche fut parachevée grâce à l'ajout d'une légende sans équivoque : « Les assassins reviennent toujours sur les lieux de leur crime[13]. » Cette anglophobie se trouva fréquemment associée à l'antisémitisme, Jeanne étant mobilisée pour dénoncer un complot de « l'anti-France » préparé de longue date par la « race juive ». Pour Jean Héritier, journaliste de *Révolution nationale*, « l'ennemi de neuf siècles bientôt, l'exécrable Anglais » était devenu plus exécrable encore qu'au temps du Moyen Âge, pour être devenu « le valet d'Israël ». Dans *La Gerbe*, organe de presse du collaborationniste Châteaubriant, Léo Norat invoquait la nécessité de « bouter hors de nous-mêmes, l'ennemi auquel nous donnions asile et qui nous causa un si grand dommage, le Juif[14] ». Lors de l'affaire Dreyfus, Jeanne avait déjà été abondamment mobilisée par les antisémites hostiles à la révision du procès. Près d'un siècle plus tard, elle devait redevenir l'icône confisquée de la xénophobie après que le chef du Front national eut instauré, en mai 1986, le rituel des cérémonies parisiennes sur la place des Pyramides. L'année suivante, il y prononçait un de ses discours les plus explicites à la gloire de la Pucelle : « Jeanne, Jeanne, petite sœur du bout du temps, c'est sous ton égide que nous avons placé notre combat pour la reconquête de la Patrie française. Oui nous voulons rendre la France aux Français[15]. »

On notera enfin que si l'affrontement idéologique des années noires n'emprunta pas le canal cinématographique, Jeanne fut enrôlée, dès 1935, par la UFA[16] dans le camp du nazisme par le cinéaste d'origine autrichienne Gustav Ucicky entouré d'une équipe tout acquise à la cause du national-socialisme (du scénariste Gerhard Menzel jusqu'aux interprètes Angela Salloker, Gustav Gründgens ou encore Veit Harlan, le futur réalisateur du *Juif Süss*). Dès la scène d'ouverture tournée en clair-obscur, *Das Mädchen Johanna* exploite logiquement le thème de l'anglophobie et écorne le duc de Bourgogne, traité en anti-héros falstaffien. Pourtant le titre de l'œuvre est trompeur, Ucicky ayant, dans une visée apologétique dédiée au Führer, substitué Charles VII à Jeanne comme emblème d'héroïsme et d'abnégation. La Pucelle se trouve de fait réduite au rang de simple instrument dans les mains d'un dauphin transfiguré en politicien avisé. L'évolution narrative du film est construite de telle façon que les actes tactiques les plus déconcertants du souverain (le sacrifice calculé de Jeanne[17]) se trouvent justifiés par une vision stratégique inspirée qui porte ses fruits à long terme. Situé en 1456, l'épilogue de ce fleuron du cynisme atteste de cette logique : le procès en réhabilitation – attribué à la volonté de Charles VII – s'achève sur une célébration populaire qui témoigne de la ferveur du culte johannique. Elle donne raison au souverain qui avait annoncé que la foi en Jeanne se renforcerait de sa mort tandis qu'il s'immolait vivant dans la solitude du pouvoir, pour le bien de la Patrie. « Il est aisé de mourir pour une cause mais il est beaucoup plus difficile de vivre et de combattre pour une cause[18]. », avait en effet prédit le stratège, devenu le garant de la postérité et du statut mythique de l'héroïne.

Ces différents usages nazis et vichyssois de la figure johannique trouvèrent leur exact pendant dans le camp adverse.

La « fille du peuple », résistante éternelle

« Ce que Churchill reprochait à de Gaulle, c'était de se prendre pour Jeanne d'Arc. », déclarait Jacques Soustelle en 1987 à l'adresse de Jean Lacouture[19]. Par-delà la boutade qui rendait compte de l'attention sourcilleuse portée par le Général à sa politique du rang, il est certain que Jeanne appartenait depuis longtemps à son Panthéon personnel. La période de la Résistance lui fut l'occasion de se saisir de la Pucelle pour lui faire épouser la cause de la France libre. Dans un discours prononcé à Brazzaville, le 10 mai 1941, de Gaulle s'employa – le même jour que Pétain – à établir un parallèle entre la guerre de Cent Ans et le conflit en cours. Mais ce fut pour contester la perspective maréchaliste en insistant sur la trahison des Bourguignons vendus à l'envahisseur :

« Un pays aux trois quarts conquis. La plupart des hommes en place collaborant avec l'ennemi. Paris, Bordeaux, Orléans, Reims devenus garnisons étrangères […] La trahison partout étalée… Un régime ignoble de terreur et de délation organisé aux champs comme à la ville. Les soldats cachant leurs armes, les chefs leur chagrin, les Français leur fureur. Telle était, en surface, la France, il y a cinq cent douze ans, quand Jeanne d'Arc parut pour remplir sa mission. Telle est en surface la France d'aujourd'hui. Je dis en surface, car, en 1429, malgré l'oppression, la honte, la douleur, les gens ne se résignaient pas[20]. »

L'année suivante, dans son allocution du 10 mai 1942, de Gaulle maintint l'homologie entre les deux époques mais il en inversa l'optique pour se livrer à une lecture offensive du temps présent : « Ce qui menace la France aujourd'hui, tout comme au temps de Jeanne d'Arc, ce n'est pas seulement le danger résultant de l'invasion et de la conquête ennemie, c'est aussi et presque surtout, la dislocation nationale, cette sorte de rupture de l'unité et de la cohésion françaises devant la faillite ou la trahison de ceux qu'elle tenait pour ses chefs[21]. » Face à ce « mortel danger », seule la France libre (constituée « de tous les bons Français, de toutes les bonnes Françaises qui sont ici ») paraissait à même de relever le défi des Armagnacs et de perpétuer cette foi en la « France éternelle » dont Jeanne avait été porteuse.

Pourtant, de Gaulle ne fut pas le seul à disputer au Maréchal la mémoire de l'héroïne au « populaire génie ». Il faut en effet situer ce discours dans le cadre d'une concurrence mémorielle interne à la Résistance, l'année 1942 marquant notamment la montée en puissance des références à Jeanne dans la presse clandestine communiste. Dans *L'Humanité* du 10 mai 1942, la comparaison entre l'occupation allemande et l'année 1429 servait une interprétation de la Résistance comme soulèvement des masses contre la trahison des élites[22]. Le camp des collaborateurs y faisait l'objet d'attaques très ciblées : les juges vichystes héritiers de ceux qui condamnèrent Jeanne, Monseigneur Baudrillart comme réincarnation de l'évêque Cauchon.

« De Jeanne d'Arc à Philippe Pétain : Patriotisme et Trahison »... À l'approche de la Libération, *L'Humanité* du 15 mai 1944 ironisait par son titre sur les compromissions de Sacha Guitry tout en instituant les FTP en légataires de la « fille du peuple » (cible du journal *Bir Hakeim* comme des *Lettres françaises,* Guitry figurait depuis longtemps sur les listes noires de la profession et il fut promptement arrêté le 23 août 1944 ; sa remise en liberté provisoire valut au procureur de la République de Paris la protestation énergique d'un épistolier estimant que Guitry méritait la mort « pour avoir osé comparer notre héroïne nationale à ce vieux salaud qui a vendu la France[23]... »). Par-delà les arrière-pensées épuratrices du journaliste de *L'Humanité,* il n'est pas illégitime de lire en filigrane de son article une adresse sibylline à l'allié gaulliste : en invoquant l'audace et le courage de Jeanne contre les « prétendus conseils de prudence », l'auteur visait peut-être également la ligne « jourjiiste » défendue par de Gaulle et l'état-major du général Kœnig. Ces derniers, partisans d'une armée clandestine de réserve mobilisable à l'heure du débarquement, s'étaient en effet opposés à maintes reprises à la guérilla de partisans impulsée par les FTP.

Dans l'immédiat après-guerre, le PCF poursuivit son entreprise d'appropriation de la Pucelle d'Orléans pour entretenir le culte de sa « sainte laïque », la résistante Danielle Casanova, morte du typhus à Auschwitz. On trouve un exemple de cette fonction d'identification dans un article d'*Heures claires* invitant ses lectrices à communier dans la mémoire des deux grandes patriotes : « Jeanne d'Arc. Le secret de Jeanne ? Celui de Danielle, celui de toutes les héroïnes françaises. Une simplicité rayonnante[24]. »

À la Libération, toujours, la reprise théâtrale de *Jeanne avec nous,* œuvre du « compagnon de route » Claude Vermorel, jouée à Paris en 1942, fut l'occasion d'accréditer la thèse d'une pièce résistante qui aurait utilisé la Pucelle comme emblème de la rébellion contre l'envahisseur allemand. Pour aider à la cristallisation de ce mythe tenace, l'auteur affirma que sa *Jeanne* avait été interdite pendant un an par la censure allemande. Une allégation contestée par Serge Added qui l'inscrit dans l'entreprise d'autolégitimation du monde du spectacle : accusés d'avoir vécu l'Occupation dans un excès de félicité, certains comédiens, dramaturges et metteurs en scène tentaient de revisiter à leur avantage « l'âge d'or » théâtral des années noires[25]. Une rigoureuse exégèse du texte de *Jeanne avec nous* et de l'horizon d'attente du public de l'année 1942 permet à Serge Added de conclure que la stratégie de carrière de Vermorel l'emporta à l'époque sur son engagement politique ; ce travail pointe dans le même temps les ambivalences de la figure johannique, susceptible de rallier des critiques et des spectateurs venus des horizons politiques les plus antinomiques.

Pratiquant un bond dans le temps, on soulignera le remodelage de la « fille du peuple » résistante dans l'œuvre du cinéaste soviétique Gleb Panfilov. *Le Début* est un récit de tournage qui entrecroise les scènes médiévales d'un film mis en abyme et la vie de son interprète, une jeune ouvrière dénommée Pacha, dans l'URSS des années soixante dix. Il faudrait pouvoir analyser cette œuvre par le menu : derrière une orthodoxie de façade, y sont posés avec finesse les dilemmes politiques et artistiques d'un cinéaste qui avait le projet de réaliser une fiction tout entière dédiée à l'héroïne « universelle[26] ». En dépit du succès remporté par *Le Début*, Panfilov ne put tourner ce scénario ; il l'avait pourtant assorti d'un certificat de conformité décerné par un « héros du travail socialiste ». Aux yeux de l'académicien S. D. Skazhine – qui dénonçait la « légende clérico-monarchique de sainte Jeanne », fabriquée par les tenants d'une « historiographie réactionnaire et bourgeoise » – Panfilov avait en effet le grand mérite d'aborder la figure de Jeanne d'Arc à partir « d'une position marxiste-léniniste[27] ».

Ce ne fut certes pas dans cette voie étroite qu'avait travaillé l'équipe de Fleming pour la réalisation de *Joan of Arc* (R.K.O., 1948).

Jeanne, figure mystique : le dilemme de l'Église catholique

Nourri par les enjeux politiques, artistiques et commerciaux les plus divers[28], ce film permet d'évoquer les écueils d'une appropriation catholique de l'héroïne – certes très chrétienne – mais qui n'en fut pas moins condamnée par l'Église. En effet, si le producteur de R.K.O. entendait avant tout tirer parti du récent succès théâtral d'Ingrid Bergman dans la pièce d'Anderson, *Joan of Lorraine,* il était conscient des difficultés d'une entreprise qui, au moindre dérapage scénaristique, ne manquerait pas de se heurter au code Hays des censeurs américains. Aussi fit-il appel au révérend père Doncœur, fin spécialiste de la Pucelle. Arrivé à Hollywood, ce dernier eut quelque peine à concilier sa fonction de conseiller historique et son état de religieux. Le 10 août 1947, il écrivait ainsi à l'évêque d'Orléans : « Une compagnie américaine prépare à grands frais un film sur Jeanne d'Arc. Les producteurs et censeurs travaillent avec un égal respect de Jeanne et de l'Église [...] J'admire la conscience avec laquelle ils s'entourent de la plus rigoureuse documentation. Ils tiennent d'ailleurs à éviter tout ce qui dans le Procès pourrait passer pour un manque de respect envers l'Église [...] V(otre) E(xcellence) estime-t-elle qu'ils ne peuvent suivre de meilleure règle que de s'en tenir à la stricte vérité historique[29] ? » Et le père Doncœur de demander conseil au prélat pour le traitement délicat de la scène du procès. La même requête fut adressée aux cardinaux de Paris, Lyon, Lille et Toulouse ainsi qu'aux évêques et archevêques de Reims, Rouen et Beauvais. Parmi les réponses conservées se trouve toute une gamme de positions empreintes d'une savante casuistique consistant à forcer la distinction entre le tribunal ecclésiastique et l'autorité papale, à charger les Anglais ou encore à alimenter une vision téléologique de l'histoire permettant d'effacer la condamnation derrière la canonisation. Datée du 18 août 1947, la réponse de l'évêque de Beauvais tranche par la fermeté avec laquelle le prélat condamnait la mémoire de son peu glorieux prédécesseur : « Vos scrupules font voir trop de délicatesse. Paul Claudel ne m'a pas interpellé avant de créer Monsieur Porcus[30]. [...] Pierre C. [Cauchon] est à jeter par-dessus bord, sans plus... »

Restait pour l'équipe du film à vaincre les réticences des censeurs américains plus soucieux encore que les ecclésiastiques français de ne point attenter à l'image virginale de l'Église ; restait surtout à trouver des solutions cinématographiques tenant compte de ces prescriptions (à l'instar de la séquence d'ouverture évoquant, sur les cloches de Saint-Pierre de Rome, la sanctification de Jeanne). Précisément, il convient de s'intéresser à présent aux ressources et aux contraintes propres à la figuration cinématographique.

Jeanne à l'écran : un feuilletage sans substance[31] ?

L'exemple du traitement filmique des « voix » de Jeanne présente l'avantage de prendre en compte les âges successifs du septième art en ses divers développements techniques. Une vue panoramique du corpus de films consacrés à la Pucelle permet de constater que le muet prit à corps la question des interventions divines comme élément de la mission johannique tandis que le parlant eut tendance à l'occulter ou à l'aborder de façon indirecte en se référant au témoignage de Jeanne évoquant les conseils des saints – Michel, Catherine et Marguerite[32]. On pourrait être tenté de balayer cette remarque en se fondant sur l'évolution chronologique de la mémoire de Jeanne, commune à tous ses modes de transmission, qui conduisit à l'abandon progressif de la référence aux voix (y compris chez les catholiques comme l'atteste notamment l'évolution des manuels d'histoire de l'enseignement libre). Cependant l'explication historique épuise d'autant moins la question que le film de Fleming recourt à un commentaire off pour affirmer que Jeanne entendit effectivement des voix que le cinéaste américain se refuse cependant à livrer au spectateur. Citant un extrait de *La Bienheureuse Jeanne d'Arc* (1909), Roger Odin constate que le chanoine Montet y mentionne l'apparition de saint Michel mais non point son discours, cantonnant la manifestation de Dieu sous sa seule forme figurative[33]. Ce même parti pris se retrouve dans les œuvres cinématographiques de B. DeMille, de Gastyne ou de Méliès qui construisirent pour le céleste et le terrestre deux registres d'images harmonisés par la surimpression. Ainsi le muet donna-t-il corps aux saints au moyen d'une grammaire cinématographique qui lui était familière, comme si montrer les voix était plus aisé que les faire entendre. Est-ce un hasard ? Le figuratif a fait récemment retour dans le film de Luc Besson au prix d'une reconstruction de deux régimes d'images tirant profit des nouvelles ressources du numérique.

L'étude de la rencontre de Chinon, scène matricielle des films consacrés à Jeanne (avec celle du bûcher qui mériterait une étude comparative minutieuse), souligne encore que l'oblitération des voix dans le cinéma parlant ne relevait pas d'un simple rejet du miraculeux. Quels que soient les enjeux et la personnalité des cinéastes, presque tous voulurent se frotter à cette pièce d'anthologie qui voit la pucelle déjouer les pièges d'une représentation en majesté pour démasquer Charles VII dans la foule compacte de sa Cour. Or l'on sait, par le récent ouvrage d'Olivier Bouzy[34], que cette scène est apocryphe, le Dauphin ayant rencontré la Pucelle en comité restreint avant de la présenter publiquement. Si l'on ajoute que Bouzy fut le conseiller historique de Luc Besson, auquel il ne cacha point le résultat de ses recherches, il faut conclure que la scène de Chinon relève d'un double enjeu d'authentification par le mythe et de démonstration d'un savoir-faire cinématographique censé surclasser celui des prédécesseurs. Loin de s'inscrire en effet dans le registre d'une intertextualité cinématographique – si fréquente dans les films de reconstitution historique – chaque nouvelle représentation de Jeanne semble chercher à chasser l'image ancienne pour lui en substituer une nouvelle.

Exclusivement consacrées au procès de Jeanne, les œuvres de Dreyer et de Bresson résistent toutefois à ce processus par lequel les films s'effaceraient l'un l'autre plutôt que de se stratifier et de faire substance. Si Bresson n'aimait guère *La Passion de Jeanne d'Arc* (longuement citée par Godard dans *Vivre sa vie),* les deux cinéastes se rejoignent dans une commune alliance, faite du refus de toute reconstitution historique et du retour aux sources historiques du procès, pièces authentiques non altérées par le travail du mythe. Ainsi les paroles de la Pucelle traversant le temps, viennent-elles donner figure au visage absent. « En répondant à ses juges, sans toucher à une plume, Jeanne a fait œuvre d'écrivain, affirmait Bresson, elle a écrit un livre, pur chef-d'œuvre de notre littérature. Ce livre est un portrait, le seul portrait qui nous reste d'elle[35]. »

NOTES ET REMERCIEMENTS

Cet article doit beaucoup à Béatrice Houplain et à l'aide précieuse du Centre Jeanne d'Arc d'Orléans (Olivier Bouzy) : qu'ils soient ici chaleureusement remerciés.

1. Michel Winock, « Jeanne d'Arc » in *Les Lieux de mémoire, t. III – 3. Les France. De l'archive à l'emblème,* sous la direction de Pierre Nora, Paris, Gallimard, 1992.
2. Cf. l'annexe du *Jeanne d'Arc* de Régine Pernoud et Marie-Véronique, Paris, Clin - Fayard, 1986, p. 363.
3. Le lecteur pourra consulter avec profit le catalogue d'exposition « Images de Jeanne d'Arc », Hôtel de la Monnaie, juin-septembre 1979.
4. André Malraux, *Oraisons funèbres,* Paris, Gallimard, 1971.
5. Poème de Martial Teneo pour la carte postale « Boutez-les hors », Documentation du Centre Jeanne d'Arc d'Orléans (CJA), carte n° 357.
6. Document CJA n° 355.
7. Pour une étude comparative des deux versions, voir Robin Blaetz, *Strategies of Containment : Joan of Arc in Film,* thèse du département de « Cinéma Studies », New York University, 1989.
8. *Révolution nationale,* n° 30, 10 mai 1945.
9. Serge Added, *Le Théâtre dans les années Vichy. 1940-1944,* Paris, éd. Ramsay, 1992, p. 214.
10. *Ibid.*
11. Cité par Jean-Louis Robert dans son précieux article « Images et usages de Jeanne d'Arc pendant la Seconde Guerre mondiale », Bulletin de *l'Association des Amis du Centre Jeanne d'Arc,* n° 20, 1996.
12. S. Broussaleux, *La Croix,* 8-9 mai 1943 ; J. Lagarigue, *Le Cri du peuple,* 11 mai 1941, cités par J.-L. Robert, art. cité.
13. Affiche de la Seconde Guerre mondiale, Bibliothèque nationale, département des Estampes.
14. *Révolution nationale,* n° 30, 10 mai 1942 ; *La Gerbe,* n° 45, 15 mai 1941, cités par J.-L. Robert, art. cité.
15. Extrait diffusé par le Journal de 20 h d'Antenne 2, 10 mai 1987.
16. Compagnie nationale allemande de production cinématographique.
17. À la suite d'une épidémie de peste dont elle est jugée responsable par la rumeur publique.
18. Ma traduction (à partir de la version en langue allemande visionnable au Centre Jeanne d'Arc).
19. Dans le documentaire *De Gaulle ou l'Éternel défi,* réalisation Jean Labib, coproduction TF1 - Kuiv Productions - Transatlantic Video - INA, 1987.
20. Charles de Gaulle, *Discours et Messages. Pendant la guerre juin 1940-janvier 1946,* Paris, Plon, 1970, p. 85.
21. Charles de Gaulle, *op. cit,* p. 184-185.
22. Cité par J.-L. Robert, *op. cit.*
23. Lettre du 18 novembre 1944, citée par Sacha Guitry lui-même, in *Quatre ans d'occupations,* Paris, éd. de l'Élan, 1947, p. 346.

24. *Heures claires,* mai 1946.
25. Serge Added, *op. cit,* p. 262-273.
26. Traduction d'une interview de Gleb Panfilov à la Maison de la revue *Femmes soviétiques,* Moscou, 26 mai 1976 (document du Centre Jeanne d'Arc).
27. Résumé du scénario de Gleb Panfilov, p. 3 (Centre Jeanne d'Arc).
28. Voir Sylvie Lindeperg, « Jeanne d'Arc à travers les âges du cinéma », tiré à part du journal *Le Monde,* mars 2000.
29. Documentation du Centre Jeanne d'Arc d'Orléans. Le lecteur trouvera certains extraits de cette correspondance dans le riche article de Christian-Marc Bosseno, « Jeanne d'Arc, la brûlure de l'histoire », *Vertigo,* n° 16.
30. Nom attribué à Cauchon par Claudel dans sa *Jeanne d'Arc au bûcher.*
31. Je reprends ici partiellement le texte de mon article « Jeanne d'Arc à travers les âges du cinéma », art. cité.
32. Exception faite du film de Rossellini qui, fidèle à Claudel, part des cieux où dialoguent Jeanne et saint Dominique pour contempler ensuite le bestiaire terrestre.
33. Roger Odin, *Jeanne d'Arc à l'école. Essai sémiotique,* Paris, éd. Klincksieck, 1980, p. 61-62.
34. Olivier Bouzy, *Jeanne d'Arc. Mythes et Réalités,* [s.l.], éd. de l'Atelier de l'archer, 1999, p. 7 et p. 58-59.
35. Robert Bresson et Jean Guitton, Entretien « Jeanne à l'écran », *Études Cinématographiques,* n° 18-19, automne 1962, p. 91.

presente

Émission 3

LA VOIX DE LA JUSTICE

FREDERIC POTTECHER

PROCÈS DE GASTON DOMINICI, 1954, IMAGES D'ARCHIVES, LA VOIX DE LA JUSTICE, ÉMISSION ANIMÉE PAR FRÉDÉRIC POTTECHER ; © INA

Ces crimes qu'on rapporte
ou La Métamorphose du fait divers

FRANCIS JAMES

Maître de conférences en information-communication à l'université de Paris X-Nanterre

« Le meurtre est l'événement par excellence », écrit Michel Foucault à propos d'un parricide au XIXe siècle[1]. D'abord, parce que le meurtre est une rupture, une transgression des lois humaines. Mais aussi parce qu'il fait parler. Jamais le crime n'a été tant raconté que depuis un siècle. Au premier rang des récits qu'on fait de lui : le fait divers.

Dès sa naissance, la presse noue avec le crime une liaison pleine de promesses. L'assassinat d'une famille alsacienne en 1869 par un jeune homme de dix-neuf ans, Jean-Baptiste Troppmann, fait le succès du *Petit Journal*, qui tire pour l'occasion jusqu'à cinq cent mille exemplaires par jour, ouvrant ainsi l'ère du quotidien de masse. Pour parler du crime, la presse invente par défaut une notion : le fait divers. Ni politique ni économique, ne relevant ni de la chronique ni de la critique, le fait divers échappe à la classification journalistique de l'époque. Il est ce qui reste de l'actualité quand on ne peut plus la nommer. Inclassable, innommable, le fait divers est le rebut des événements, rassemblant de manière hétéroclite meurtres, catastrophes naturelles, gestes héroïques.

Faire l'histoire du fait divers, n'est-ce pas, alors, faire l'histoire d'une catégorie d'existence propre au journalisme, suivre dans le temps les modifications du traitement du crime par la presse, puis la radio, enfin la télévision ? Dans l'explication journalistique, la place du crime varie avec la manière dont on le traite. Événement sans dignité à son commencement, le fait divers acquiert aujourd'hui le statut davantage considéré de fait de société, qui joue le rôle de signe d'une réalité toujours à dévoiler. L'histoire du fait divers est une histoire de classement.

Déjà, à la fin du siècle dernier, le fait divers criminel est le cadre d'une transformation majeure du journalisme : le développement du reportage.

Fait divers et reportage

Les naissances du fait divers et du reportage sont étroitement imbriquées dans l'essor d'une presse à grand tirage. La deuxième moitié du XIXe siècle voit la montée en puissance de quotidiens vendus un sou (cinq centimes), destinés à une clientèle populaire et fabriqués selon les méthodes de l'industrie : *Le Petit Journal*, *Le Petit Parisien*, *Le Journal*,

Le Matin. Poussés par la concurrence à rechercher l'information exclusive, ces journaux recourent au fait divers, surtout criminel, qui a déjà fait le succès d'une presse spécialisée sous le Second Empire. Rompant avec la chronique judiciaire et ses comptes rendus de procès, la tâche nouvelle exige de collecter une information de première main sur les lieux mêmes du crime. Une nuée de journalistes d'un type nouveau, les « fait diversiers », ou encore, « reporters » (ceux qui rapportent l'information), courent alors les palais de Justice, les préfectures de police, les commissariats, recherchent de leur propre chef les témoins, s'échangent entre eux des renseignements. Les principes d'une nouvelle économie d'informer sont posés, en accord avec le savoir positiviste montant, qui donnent la primauté à l'observation directe et à la collecte des faits, développent un goût pour le « document vrai » et font remonter le reportage « des bas-fonds du journal à la surface[2] ». La hiérarchie des genres s'en trouve renversée. Non seulement le reportage prend le pas sur la chronique, mais lui-même change de statut. Le « petit » reportage semble se complaire aux recoins sombres de Paris et à leurs mystères, nourritures du fait divers. Le « grand » reportage, lui, s'ouvre aux horizons lointains et aborde désormais des sujets de plus grande envergure – correspondances de guerre, enquêtes, causes morales, entretiens – où peuvent s'exprimer des qualités d'écrivain. Et le terme « reporter » ne désigne plus seulement les besogneux de l'information mais aussi des personnes prestigieuses et admirées, entre journalisme et littérature, tel Albert Londres.

Néanmoins, le fait divers demeure prisonnier d'un ordre des événements dominé par la politique. La rubrique politique garde toute sa noblesse, et ses rédacteurs composent l'élite de la profession. Plus encore, elle sert de cadre à la grande actualité, scandée par des événements tenus pour exemplaires de la vie publique. La politique est la catégorie d'explication journalistique dominante, quand le fait divers n'est qu'anecdote ou sous-événement. Les années qui suivent présentent une transformation de la notion de fait divers en fait signifiant.

La littérature en est un des lieux. Elle trouve dans le fait divers matière à création, parce qu'elle porte sur l'actualité un autre regard, où « les petits faits vrais ne sont pas des débris de la vie, mais des signes, des emblèmes, des appels », comme l'écrit Maurice Merleau-Ponty[3]. De son côté, Jean-Paul Sartre prône un autre usage journalistique du fait divers que « l'exploitation de la fesse et du sang ». Lors du lancement du *Nouvel Observateur*, en 1964, il situe le fait divers au rang de révélateur de la société plus qu'aucun commentaire politique[4]. Cette conception du fait divers trouve un terrain d'expérience avec l'affaire « Bruay-en-Artois » en 1972.

Un contre-fait divers

Dans une petite cité minière du Nord, une adolescente, Brigitte Dewèvre, est assassinée. Le juge d'instruction chargé de l'affaire, Henri Pascal, inculpe un des notables de la ville, le notaire Pierre Leroy, chargé des opérations immobilières de la Compagnie des houillères, qui exploite les puits. Il résiste un temps aux pressions du Parquet, qui exige la mise en liberté provisoire du notaire. En fin de compte, il est dessaisi du dossier pour non-respect du secret de l'instruction. Cependant, il trouve le soutien des habitants du coron, qui voient dans cette décision de la Cour de cassation l'expression d'une connivence entre les notables de la région et le système judiciaire. C'est une contestation de la justice et de l'information qui se fait jour, toutes deux ressenties comme partisanes. Dans la publication militante maoïste *La Cause du peuple*, un contre-fait divers prend forme où se trouvent retournées l'utilisation et la structure des crimes racontés par les journaux à grande diffusion[5]. Place habituellement occupée par des gens du peuple, l'assassin présumé est ici un bourgeois, dont le geste est rapporté à la manière des quotidiens à un sou du XIXᵉ siècle, entre mélodrame et horreur : « Une fille d'ouvrier qui venait paisiblement voir sa grand-mère a été mise en charpie. C'est un acte de cannibalisme. » Plus encore, par un effet de généralisation, la bourgeoisie tout entière est décrite comme criminelle : « Et maintenant, ils massacrent nos enfants. » Une classe à laquelle cette rhétorique prête une prédétermination socio-psychologique, comme le faisait la criminologie naissante voilà un siècle : « Il n'y a qu'un bourgeois pour avoir fait ça. » Le notaire de Bruay-en-Artois apparaît comme l'envers du peuple dangereux, figure centrale des récits de crime à la Belle Époque, et, à travers « la vie cochonne des bourgeois étalée au grand jour », *La Cause du peuple* dénonce la décomposition morale de ceux qui exploitent les mineurs[6].

Dans l'affaire « Bruay-en-Artois », le fait divers est à la fois un lieu et un instrument de bataille. Deux groupes, dont l'antagonisme est attisé par la crise du charbon, avec la fermeture inéluctable du site, s'affrontent sur le terrain d'une histoire tragique et la retournent tour à tour contre l'adversaire pour mieux le disqualifier. La bourgeoisie, elle aussi, a sa version : l'assassin appartient au monde de la mine. Jean-Pierre, voisin de la victime, fils de mineur, avoue le meurtre. Il fera deux ans de prison avant d'être acquitté pour insuffisance de preuves. Le notaire a bénéficié d'un non-lieu. Le crime demeure encore impuni.

L'usage politique que *La Cause du peuple* fait du crime n'est certainement pas typique du traitement des faits divers par la presse française peu après 68. Mais l'idée d'événement-signe sous-jacente à cet usage est bien au cœur d'une nouvelle économie d'informer qui se fait jour à cette époque-là.

Récit de vie

Au milieu des mêmes années soixante-dix, l'affaire « Patrick Henry » est un pas de plus vers cette transformation du fait divers. « La France a peur. », dit le présentateur, en ouverture du Journal télévisé du 18 février 1976, pour annoncer l'arrestation de Patrick Henry, l'assassin d'un garçon de huit ans, Philippe Bertrand[7]. La France aurait peur d'un homme qui ressemble à tout le monde, normal jusqu'à l'anormalité. D'éditions quotidiennes en émissions spéciales, la télévision, devenue le média le plus suivi, s'efforce de cerner sa personnalité, pose indéfiniment la question « Qui est-il ? », à défaut d'y répondre. Or, cette question de l'identité psychologique du criminel est au centre de l'exercice moderne de la justice. Elle juge désormais moins un acte qu'un individu, dont les délits prennent sens dans une vérité criminologique énoncée par des experts. La télévision retraduit à l'écran cette nouvelle manière de juger par la multiplication de sujets, insistant sur l'aspect biographique du criminel. Portraits et interviews racontent l'existence de Patrick Henry, l'enfant doux et songeur, son adolescence dans la ville de Troyes, ses relations, son besoin d'argent à l'origine du rapt de l'enfant. Comme la justice, la télévision met l'accent sur le criminel plutôt que sur son geste. L'objet d'information est ici sa vie, conçue comme une histoire dont chaque petit événement concourt au forfait. La biographie est devenue indispensable à la nouvelle scène, simultanément judiciaire et médiatique, parce qu'elle est censée expliquer le criminel et son crime.

La télévision recourt aussi largement aux criminologues. Ils font passer le langage médico-juridique du nouvel art de punir dans le domaine médiatique. À leur contact, le commentaire du chroniqueur judiciaire se fait plus technique. Et le crime prend forme comme phénomène d'ensemble dans la notion de criminalité. Les meurtriers d'enfant, après les affaires Christian Ranucci et Patrick Henry, ou encore la criminalité des femmes sont les nouveaux sujets des rubriques « faits divers ». Cette modification de la pratique professionnelle va de pair avec l'arrivée d'une génération de journalistes, qui prolonge la seule relation des faits par une analyse de la conduite délinquante ou du fonctionnement de l'appareil judiciaire. Dans ces années, à la suite de l'affaire « Bruay-en-Artois », le secret de l'instruction et le rôle du juge qui conduit l'enquête émergent comme problèmes à la croisée de la justice et de la politique. Avec le procès de Patrick Henry, c'est la question de la peine de mort en tant que mode de punition qui est posée. Elle est abolie en 1981.

Cette pratique rompt avec la rhétorique du prétoire commune aux avocats et au premier chroniqueur judiciaire de la télévision française, Frédéric Pottecher, dont l'art tenait du théâtre et était étroitement lié au procès autour duquel tournait la vie judiciaire dans les années cinquante et soixante : « J'ai tout simplement fait mon compte rendu télévisé, banalement, comme je l'aurais fait pour la radio, mais en m'adaptant à la télévision tout de même, en me souvenant qu'il fallait donner un portrait du bonhomme, qu'il fallait essayer de le montrer. Et j'ai donné certaines répliques exactes de l'accusé, du président, de l'avocat général et de l'avocat[8]. » L'arrivée de la télévision modifie aussi la relation entre la justice et l'opinion publique. Jusque-là, les coupables présumés décrits par les actualités cinématographiques, les radios ou les journaux étaient de lointaines silhouettes muettes. Avec la télévision, ils s'adressent les yeux dans les yeux aux Français. Le magazine de reportages *Cinq colonnes à la une* offre à Marie Besnard, soupçonnée d'avoir empoisonné onze de ses proches, la possibilité de dire son innocence devant le pays rassemblé. Un an plus tard, il va au-devant d'un vieil homme brisé qui finit sa vie en prison : Gaston Dominici[9].

Le délinquant, l'expert et le journaliste

L'affaire « Dutroux » réalise la métamorphose du fait divers en fait de société. L'été 1996, la Belgique découvre les crimes de Marc Dutroux : l'assassinat et la séquestration de plusieurs fillettes dans le cadre de réseaux pédophiles qui organisent la prostitution d'enfants sur l'Europe. Ces crimes deviennent une affaire nationale qui remet en cause l'État, sa justice et sa police. La situation belge amène les médias français à s'interroger. Le magazine de télévision *La Marche du siècle*, un an après, consacre son sommaire à la pédophilie en France[10]. Il reprend à son compte la distribution de la nouvelle scène médico-pénale, le délinquant et l'expert, a laquelle il ajoute le journaliste. Des pédophiles témoignent devant un plateau composé de psychologues, éducateurs, représentants de la loi, parents de victimes, sous le regard du journaliste. Chacun a son rôle. Les délinquants sont invités à raconter leur vie, les circonstances de leur acte, pas de l'expliquer. C'est le travail des experts. Ils font d'un geste criminel singulier un objet général, qu'ils nomment délinquance sexuelle, cible de visées punitives et thérapeutiques. Enfin, le journaliste questionne tour à tour les délinquants et les experts, exigeant l'aveu et l'interprétation, au nom d'une opinion publique qui doit savoir. Dans ce théâtre, tout est exemplaire : la vie de cet homme infâme, où se lit le crime ; son geste, relié à d'autres semblables au sien, pour former un phénomène plus vaste, la « dangerosité » du comportement pédophile, ou pour poser un problème : « Que faut-il faire des délinquants sexuels[11] ? » Ces catégories globales construites par l'action conjointe de la médecine, de la justice et du journalisme révèlent certains rouages de la société, et bien souvent ses dysfonctionnements, tels que la quasi-absence de suivi médical des agresseurs, ou l'abandon dans lequel les institutions laissent les victimes.

Le journalisme d'aujourd'hui est loin des quotidiens de la Belle Époque, qui titraient sur le seul acte du crime : « Drame du revolver », ou encore « Éventrée par son mari[12] ». Le fait divers, ces dernières années, est l'objet d'un renversement dans l'ordre des événements. L'inclassable est à présent rangé sous la rubrique « société » où se reflète la vie en tous ses états. Pourrions-nous alors suggérer, comme le fait Erich Auerbach à propos de la littérature occidentale, que cette métamorphose du fait divers « traduit quelque chose comme un déplacement de la confiance : on accorde une moindre importance aux grands événements [...] ; on croit en revanche que n'importe quel fragment de vie, pris au hasard, n'importe quand, contient la totalité du destin et qu'il peut servir à le représenter[13]. » Ce changement dans la manière de rapporter les crimes est partie prenante d'un changement plus grand qui touche la construction collective de la réalité. Nous prêtons à des faits le pouvoir de dire une société tout entière.

1. Michel Foucault, *Moi, Pierre Rivière, ayant égorgé ma mère, ma sœur et mon frère...*, Paris, Gallimard, 1973-1994, p. 328.
2. Hugues Le Roux, *Le Temps,* 22 février 1889.
3. Maurice Merleau-Ponty, *Signes*, Paris, Gallimard, 1960, p. 390.
4. « L'analyse d'un fait divers peut être bien plus révélatrice de la nature d'une société qu'un commentaire sur un changement de gouvernement », *Le Nouvel Observateur*, 19 novembre 1964. Pareillement, les manifestes qu'il corédige lors du lancement des *Temps modernes* en 1945, et de *Libération* en 1973 : « *Libération* s'emparera de tous les faits divers, qui ont ceci de commun d'être les multiples facettes de la vie sociale. », cité par François-Marie Samuelson in *Il était une fois Libé...*, Paris, Le Seuil, 1979, p. 142-143.
    « Nos chroniques [...] envisageront dans un esprit synthétique les diverses manifestations d'actualité, les modes et les procès criminels aussi bien que les faits politiques. », présentation des *Temps modernes* in *Situations II*, Paris, Gallimard, 1948, p. 29.
5. Une conception du fait divers inaugurée par la presse fouriériste vers 1830. Voir Michel Foucault, *Surveiller et punir, naissance de la prison*, Paris, Gallimard, 1975, p. 294-299.
6. *La Cause du peuple*, 1ᵉʳ mai 1972. Extraits cités par Philippe Gavi, « Seul un bourgeois aurait pu faire ça ! », *Les Temps modernes*, n° 312-313, juillet-août 1972, p. 193-197.
7. Roger Gicquel poursuit : « [...] C'est un sentiment qu'il faut que nous combattions pour éviter qu'il ne débouche sur la justice expéditive ou la vengeance immédiate », J.T. de 20 h, 1ʳᵉ chaîne.
8. Frédéric Pottecher, *À voix haute*, Paris, J.C. Lattès, 1977, p. 343. Frédéric Pottecher entre à la télévision en 1957 pour suivre le procès Avril.
9. Mars 1959 et avril 1960.
10. 19 novembre 1997, FR 3.
11. *La Marche du siècle*, 2 octobre 1996, FR 3.
12. Dominique Kalifa, *L'Encre et le Sang, récits de crime et société à la Belle Époque*, Paris, Fayard, 1995, p. 128 et illustrations.
13. Erich Auerbach, *Mimésis, la représentation de la réalité dans la culture occidentale*, Paris, Gallimard, 1968, p. 542-543.

1. ÉMISSION *INVITÉ SPÉCIAL*, FRANCE 2, DÉCEMBRE 1995 ; © INA
2. JOURNAL TÉLÉVISÉ DE 20 H PRÉSENTÉ PAR BRUNO MASURE, FRANCE 2, OCTOBRE 1995 ; © INA

Le mouvement de l'automne 95 ou l'événement au regard de ses acteurs

DANIELLE TARTAKOWSKY

Maître de conférences en information-communication à l'université de Paris I

En 1968, la « liberté de l'information » constitue une des exigences majeures des forces en mouvement et l'ORTF, sous tutelle, est vivement dénoncée[1]. En 1995, le statut de l'audiovisuel n'a plus guère à voir avec ce qu'il était quelque trente ans plus tôt : les chaînes publiques ont perdu leur monopole, leur autonomie vis-à-vis des pouvoirs publics s'est accrue et l'existence de deux chaînes spécialisées, l'une à vocation culturelle, l'autre régionale autorise un traitement plus diversifié de l'information. Les émissions qui se fixent pour objectif d'analyser et de déconstruire les images, assurément rares et cantonnées sur les chaînes de faible audience[2], participent, tout au moins, d'une attitude devenue plus critique qui interdit aux réalisateurs de plaider la naïveté.

De vives critiques vont cependant s'élever envers l'attitude des médias, dont celle de la télévision, lors du mouvement de l'automne 1995. Exprimées à chaud dans certains cortèges où tel manifestant défile, la tête encadrée dans un écran de télévision en carton pâte[3], elles le sont également par divers films militants tournés, entre autres fins, « pour construire un témoignage qui tente de répondre aux images dominantes[4] » et qui mettent, pour la plupart, en scène et en accusation la télévision, avant que d'être relayées par des acteurs d'autre sorte[5].

De la difficile représentation d'un mouvement social

Rendre compte de « la » grève générale ou d'« un » mouvement social par-delà les grèves et mouvements divers qui les constituent concrètement n'est jamais chose évidente. La difficulté vaut pour les acteurs, mis en demeure de construire et d'exprimer le sens et l'unité d'expressions autonomes, hétérogènes, dispersées dans l'espace et le temps, souvent animées par des objectifs spécifiques, voire contradictoires. Elle vaut également, sur un autre mode, pour les médias qui ont à sélectionner et/ou inventer l'image susceptible de résumer, de transcender et de transmettre ; l'empruntant à celles imaginées par les acteurs (les torches de cheminots en 1995 ou le « Tous ensemble ») ou en inventant un nouveau regard, dans lequel les protagonistes se reconnaîtront ensuite (ainsi les clichés de grèves réalisés en 1936 par les photographes de l'agence Magnum, radicalement différents des photographies militantes contemporaines, étaient destinés à s'imposer pour l'« image entre toutes » de ces grèves.) Ce qui vaut en règle générale, est vrai à plus forte raison quand Paris ne constitue pas l'épicentre du mouvement et que les images susceptibles de devenir iconiques s'imposent alors avec moins d'évidence[6]. C'est le cas en 1995. La presse écrite répond à cette exigence de globalisation en unifiant très vite sa présentation des événements d'abord fragmentaires. À partir des 25 et 26 novembre, *Libération* et *Le Monde* introduisent des bandeaux instaurant une rubrique spécifique et la plupart des quotidiens construisent la carte quasi quotidienne des manifestants, en donnant, de la sorte, à voir l'image d'une France en marche. La télévision peut satisfaire à ce même objectif en privilégiant la diffusion d'images signifiant la rencontre, celles visualisant la participation du DAL et des chômeurs aux manifestations de Marseille, par exemple. Cette manière de concept que fut le « Juppéthon » des Guignols unifie sur un autre mode ; avec une efficacité notable sur la mobilisation qui relaie cette image, mais non sans outrepasser le sens que celle-ci s'attribue dès lors qu'elle désigne Juppé en cible majeure d'un mouvement, qui n'a pas fait de son départ son objectif premier.

Le rapport politique de la majorité des médias avec le mouvement de 1995 accroît ces difficultés inhérentes à tout traitement de la foule et du nombre. Le 22 septembre 1995, *Invité spécial* reçoit les secrétaires généraux des trois principales confédérations ouvrières afin de débattre avec eux de la journée nationale d'action contre le gel des salaires dans la fonction publique, prévue le 10 octobre. La séquence des grèves de 1968 qui leur est soumise aux fins d'obtenir leur sentiment sur l'ampleur attendue de la journée[7] dit assez bien que claire est alors la conscience d'un climat social plus tendu qu'à l'ordinaire. Le mouvement social, qui bientôt cristallise, n'est cependant pas celui qu'entrevoyaient ainsi certains observateurs. Il prend la grande majorité des médias sinon à l'improviste, du moins, à contre-pied. Selon un sondage Ipsos publié par *Le Nouvel Observateur* du 14 décembre 1995, les personnes interrogées sont en effet 60 % à être alors favorables au plan Juppé contre 6 % hostiles. Le mouvement qui s'engage s'inscrit en faux contre les analyses dominantes – sollicitées et diffusées par les médias – qui dénoncent son corporatisme et son archaïsme. Il enraie aussi très tôt les dispositifs d'ordinaire mobilisés face à des mouvements de la sorte. Le 22 septembre, l'émission déjà citée s'appuyait sur un sondage réalisé pour la circonstance et sur un micro trottoir, deux prétendues images de l'opinion publique que Nicole Notat récusait aussitôt avec soin en démontrant que « la question y était mal posée ». Quelques semaines plus tard, ces figures proclamées de l'opinion publique se retournent contre ceux qui la convoquent d'ordinaire pour souligner les réticences ou les distances de la dite opinion publique face à certaines revendications et/ou formes d'action : lors des grèves de la fonction publique en particulier et, plus spécifiquement, quand les transports sont en jeu. Les sondages, de jour en jour plus favorables aux grévistes, obligent tel quotidien, hier hostile, à reconnaître que « la grève est populaire[8] » et les manifestations de rue qui se succèdent doivent à une imprudente déclaration d'Alain Juppé d'acquérir alors un quasi-statut de référendum d'initiative populaire. Elles construisent une figure nouvelle de l'opinion publique, concordant avec les sondages et dotée d'une telle présence dans l'espace public, que l'éviter ou la dévoyer ouvertement devient difficile. Les images de la « grève par procuration », telle qu'alors on la nomme, envahissent l'écran ; diffusées jusqu'à satiété et non sans risque de répétition, parfois avouée[9].

Images de grèves

En 1968, s'exprime un net clivage entre les radios périphériques et l'ORTF, bridée par le pouvoir politique. En 1995, les lignes de partages sont d'une autre nature. La Une se distingue nettement des autres chaînes, publiques ou privées, en témoignant d'une franche hostilité à l'égard du mouvement du début jusqu'à la fin. Jusqu'à friser la caricature. Quand son 20 h exemplarise les bienfaits de lignes de chemin de fer privées restaurées dans telle région de France, pour la meilleure satisfaction d'usagers qu'on montre heureux[10], par exemple, ou quand la grève – réduite à ses méfaits – est systématiquement présentée, voix sombre à l'appui[11], à travers ses bouchons – elle l'est sur toutes les chaînes… comme aux portes de Paris –, mais également à travers la pollution croissante, les accidents respiratoires advenus de son fait et ces autres, imputables à l'usage immodéré du *skate* et autres moyens de transport de fortune. Sur un autre mode, forte autono-misation de France 3, qui doit à sa vocation régionale de multiplier les reportages de proximité, montrant des fêtes ou des déjeuners de grévistes, par bien des traits similaires à ceux des films militants ; avec une tonalité d'autant plus sympathique au mouvement que se nouent alors des liens entre les équipes réalisatrices et les grévistes, – des adversaires politiques parleront de « pressions[12] ».

Ces différences n'excluent cependant pas de fortes similitudes dès lors que les chaînes, hostiles ou non, ont du moins toutes à restituer un mouvement d'une ampleur telle qu'il affecte brusquement l'espace public, jusqu'à saturation, le remodèle visiblement ; affectant le quotidien sinon de tous, du moins de chacun ou presque, en tout cas celui de l'énorme masse des citadins de la plupart des villes de France. Non sans générer, de surcroît, des images inédites de la ville, propres à retenir l'attention et l'objectif[13]. De ce vécu quotidien, les journaux télévisés rendent bientôt compte selon une structure qui devient immuable : une première séquence consacrée aux effets du mouvement sur les « usagers » est, chaque jour, suivie d'une autre concernant les grévistes et les manifestants. Les images, que d'aucuns diront « furtives » pour leur en opposer d'autres[14], deviennent dès lors pléthoriques, et souvent d'une indéniable efficacité : certaines séquences ou plans « respirent » la santé, la détermination et la joie, la sensibilité. Quand ce gréviste désigne ses camarades, attablés dans le dépôt occupé et commente : « la voilà notre famille[15] », par exemple, ou dans ces fréquentes représentations du père et de l'enfant, (consciemment?) inspirées des photographies de manifestations et de grèves initiées en 1935[16], pour signifier, comme alors, que la lutte engagée l'est au nom d'un devenir meilleur, qu'elle est, en cela même, un instant de victoire méritant d'être vécu de conserve et transmis. L'esthétique de certains plans contribue à insuffler corps et vie. En présentant les manifestants comme la nouvelle figure du « Peuple en marche », un « Peuple » qui parfois s'érige comme tel et que les images relaient alors à l'envi.

Si certains détracteurs de la télévision admettent qu'elle ait ainsi reflété un tel aspect du mouvement ; ils ne lui donnent pas pour autant quitus.

« Paroles de grève[17] »

Le film *Chemin de traverse,* réalisé dans la gare d'Austerlitz occupée, privilégie le dire au voir[18]. La plupart des films militants tournés par les cheminots en grève sacrifient, en revanche, la parole à l'image. Les raisons techniques qui les y contraignent[19] ne valent pas pour la télévision. « Ce qui a été traité, ce n'est pas l'avant-conflit, c'est le spectaculaire. Si le réseau national n'avait pas été bloqué, je ne suis pas sûr que la couverture médiatique aurait été la même », déclare Bernard Thibault, alors secrétaire de la fédération des cheminots CGT[20], et Serge Halimi constate, dans *Le Monde diplomatique* : « La restitution télévisuelle des manifestations joyeuses n'accorde que peu de place aux paroles de grévistes et ne restitue que fort partiellement le global[21]. » Quant à Pierre Bourdieu, plus brutalement : « Le sens de la grève, tout le monde s'en fout[22]. » Pour ceux-là et d'autres encore, la télévision a donné à voir mais non à entendre, encore moins à comprendre. En invitant Pierre Bourdieu, face à Jean-Marie Cavada et Guillaume Durand pour la défense, *Arrêt sur image* s'assigne pour but de débattre de ce problème. Le micro trottoir réalisé pour l'occasion est (délibérément) destiné à devenir un bon cas d'école. La question « La télévision a-t-elle bien parlé des grèves ? » suscite en effet des réponses antagoniques : « C'était télégrève » disent les uns, et les autres avec la même conviction : « On a donné la parole à tout le monde sauf aux grévistes. » Les objections de Pierre Bourdieu portent cependant moins sur ces procédés que sur les débats : les médias n'ayant pas leur propre doctrine ont assis la légitimité de leur parole sur celle de « compétences » ou supposées telles, confisquant la parole aux acteurs du mouvement social pour privilégier les « experts[23] » . Les animateurs des débats, pris à partie, sont plus généralement accusés de mettre les invités sur la sellette, transformant leurs émissions en véritables « citations à comparaître ». Les réalisateurs invités contestent ces analyses et ce, jusqu'à la lecture même des images incriminées, pour voir au contraire en 1995 « un grand moment de transformation des rapports de la télévision avec le pays ». Quelques mois plus tard, la diffusion par Arte du film *Chemin de traverse* suivi d'un débat, lors d'une soirée thématique intitulée « Paroles de grève », peut être interprétée, au contraire, comme une manière d'amende honorable, prenant acte des critiques énoncées. Quand d'autres estiment au contraire que toute expression convenue dans des cadres codifiés et préétablis est déjà défaite ou récupération du mouvement. C'est le point de vue défendu le 9 décembre 1995 par Michel Field et Gérard Miller, invités par *Arrêt sur image,* aux côtés de Jacques Attali. Daniel Schneidermann leur présente un extrait de l'émission *Zoom*, qui, en Mai 68, est la première à donner la parole aux leaders étudiants qu'elle constitue de ce fait en interlocuteurs. « Ça ne m'étonne pas que vous aimiez ça parce que, au bout d'un moment, c'est la logique télé qui gagne, c'est la logique de l'institution. », lance Michel Field à Jacques Attali ; « Il y a des gens qui se révoltent sans avoir de programme. Les gens qui vivent, ils ont une autre façon d'exprimer cela. », dit Gérard Miller, qui dénonce le risque toujours encouru de devenir une « élite, une institution[24] » et valorise le refus de la scène télévisuelle en tant que machine à produire de l'institutionnel ; particulièrement dans une situation où le sens, précisément, se construit soudain sur la scène publique, scène dans laquelle la télévision devient à son tour acteur.

Le primat de la scène publique

Certains acteurs, et non des moindres, instrumentalisent alors les médias en général – et la télévision plus spécifiquement –, ou du moins s'y essaient. Ainsi le 15 novembre, quand l'Assemblée nationale exprime sa confiance au gouvernement Juppé qui vient de présenter son plan. Nicole Notat choisit alors de faire connaître ses positions, favorables, par radio interposée tandis que Marc Blondel et Louis Viannet profitent de leur passage à *La Marche du siècle* pour en appeler à l'opinion publique, exprimant le vœu que cette émission « puisse y contribuer » (M. Blondel), « si les téléspectateurs ont eu le courage d'écouter jusque là » (L. Viannet). Le mouvement syndical est doté pourtant de longue date d'autres modalités de communication et de mobilisation[25]. Même instrumentalisation, cette fois de l'image et de sa force supposée, quand Louis Viannet et Marc Blondel échangent « la poignée de main qu'aucun photographe ne devait manquer[26] », en instituant alors l'image télévisuelle en puissante caisse de résonance. Puissance reconnue et mobilisée sur un autre mode quand les grévistes suivis par les réalisateurs de *Chemin de traverse* demandent à ces derniers de filmer les négociations qui s'enlisent depuis cinq heures en « se faisant passer pour la télé » – ce qui, au dire des réalisateurs, produit les effets voulus.

La conjoncture pèse également sur les conditions de réception. Toujours essentielles, elles sont là dépendantes d'un rapport au temps. Ce dernier étant soudain remodelé, elles en sont dès lors particulièrement troublées. Qu'on excepte la population de petites bourgades que France 3 montre devant son écran, en une image qui fleure bon le début des années soixante[27], rares sont ceux qui ont alors vu le 20 h ou regardé des débats susceptibles de s'achever tardivement[28]. La sélection des images reçues en est rendue plus aléatoire. Le temps n'est, cependant, pas seul en cause. La télévision, qu'on a tôt fait d'accuser de dépolitiser en fabriquant des spectateurs de la vie sociale plus que des acteurs, en est d'autant plus susceptible qu'elle s'adresse à des individus étrangers aux faits mis en image, isolés et passifs. Rien de tel en cet automne 1995. La prérogative passe à la scène publique, où tous, ou presque, deviennent acteurs, à des titres divers, mais souvent « tous ensemble[29] » ; conférant au regard porté sur l'image télévisuelle, quand ce regard advient du moins, une acuité et des fonctions nouvelles.

S'il existe un imaginaire – rouge ou noir – de la grève, il en est un autre de la télévision ou des médias face aux grèves ; prompt à resurgir quand le singulier – qui diabolise ou mythifie – ou, au contraire, quand le pluriel – qui généralise à l'excès – prennent le pas sur la diversité des images, la multiplicité des niveaux de parole, la spécificité des langages télévisuels, leurs possibles usages détournés. 1995 fut aussi l'occasion d'une réappropriation citoyenne de la télévision, à l'aune de ce qui advenait alors dans le pays tout entier, sur une autre scène devenue soudain première.

1. En atteste le très grand nombre d'affiches de 1968 consacrées à ce thème.
2. C'est en particulier le cas d'*Arrêt sur image*.
3. France 2, 5 décembre 1995.
4. *Tous ensemble, tous ensemble*, de Frank Danger, *Gare sans train* de Jérôme Blumberg et Daniel Friedman, *Demain la grève* de Roy Lekus et François Chilowicz, *Les Rendez vous de décembre* d'Alex Velasco, *La Dernière Semaine de grève à Marseille* de Muriel Modr, *À quoi rêvons-nous ?* de Muriel Szac, *Paroles de grève* de Patricia Pardo, *et alii*. Ces divers films ont été projetés au cinéma le Studio d'Aubervilliers sur l'initiative de l'association Ressy les 28 et 29 novembre 1997. On peut leur adjoindre *Chemin de traverse* de Sabrina Malek et Arnaud Soulier, réalisé avec l'accord des

cheminots d'Austerlitz par de jeunes cinéastes. Voir également Bruno Bertheuil, « De l'imaginaire souvenir à l'imaginaire social : quand les cheminots filment leur grève », *L'Homme et la société*, 1998, n° 27-28.

5. Voir Sandrine Lévêque, « Crise sociale et crise morale dans le journalisme », in *Faire mouvement, novembre-décembre 1995*, PUF, 1998.

6. Ce problème vaut aussi bien pour les films. La tonalité de *Chemin de traverse*, diffusé sur Arte en décembre 1996 diffère sensiblement de celle de *Gare sans train*.

7. En s'attirant un : « Je ne suis pas un metteur en scène. » de la part de Marc Blondel.

8. *Libération*, 3 décembre 1995.

9. France 2, 12 décembre 1995 : « Cela fait 18 jours qu'on vous raconte la même chose ».

10. TF 1, 23 novembre 1995.

11. TF 1, 14 décembre 1995.

12. FR 3 Méditerranée, 27 décembre 1995.

13. Ce Paris métamorphosé inspire un court métrage fictionnel : *Un hiver chaud* de Christian Argentino.

14. Dans l'article cité plus haut, Bruno Bertheuil met en avant la durée des séquences consacrées aux manifestations dans les films militants et l'oppose aux « images furtives télévisuelles ».

15. France 2, rétrospective du 21 décembre 1995.

16. France 2, 24 novembre 1995.

17. Titre d'une émission diffusée sur Arte en décembre 1996, voir plus loin.

18. Dans le débat qui a suivi la projection de leur film à Aubervilliers, les auteurs expliquent qu'ils ont dû se faire accepter. À cette fin, ils ont séjourné une semaine dans la gare occupée sans tourner d'images. Les entretiens ont eu lieu les 4 derniers jours. La caméra constitue alors « un espace pour philosopher ».

19. Impossibilité technique de dissocier le son et l'image et dès lors trop grande durée des discours.

20. *L'Humanité*, 2 mai 1996. Invité par *La Marche du siècle* du 13 décembre 1995, il déplore qu'on ne montre jamais la grève que par ses effets, sans jamais donner le sens.

21. Janvier 1996.

22. La Cinquième, *Arrêt sur image*, 20 janvier 1996.

23. Pierre Bourdieu : « J'ai essayé de dire le sens pour la bonne raison que d'autres le disaient qui étaient encore plus mal placés que moi ». La critique vaudrait aussi bien pour la presse écrite. Voir Sandrine Lévêque, « Crise sociale et crise morale dans le journalisme », *op. cit.*

24. La Cinquième, *Arrêt sur image*, 9 décembre 1995.

25. *La Marche du siècle*, 15 novembre 1995. La publication de la page publicitaire « Connaissez-vous le plan Juppé » pose le même type de problème.

26. TF 1, 28 novembre 1995.

27. FR 3, 6 décembre 1995.

28. Lors du débat organisé après des films de 1995 à Aubervilliers, Bernard Thibault déclare : « La grève, je ne l'ai pas vue, les films m'ont permis de la voir. » Les images télévisuelles n'ont la même souplesse qu'à la condition d'un enregistrement préalable.

29. Le Mundial en est un autre exemple, sur un tout autre mode.

"1945. Les camps
s'étendent et se remplissent.

PRÉSENTATION DE *NUIT ET BROUILLARD* À DES COLLÉGIENS ALLEMANDS IN *LES ANNÉES DE PLOMB* DE MARGARETHE VON TROTTA © DR

Le numérique est-il « une affaire de morale[1] » ?
Numériser et mettre en scène les images des camps nazis

SYLVIE LINDEPERG

Maître de conférences à l'université de la Sorbonne nouvelle-Paris III

« Voyez cependant, dans *Kapo*, le plan où Riva se suicide, en se jetant sur les barbelés électrifiés : l'homme qui décide, à ce moment, de faire un travelling avant pour recadrer le cadavre en contre-plongée, en prenant soin d'inscrire exactement la main levée dans un angle de son cadrage final, cet homme n'a droit qu'au plus profond mépris. » Citant le texte fondateur de Rivette sur le film de Pontecorvo (1961)[2], Serge Daney ajoute : « Ainsi un simple mouvement de caméra pouvait-il être le mouvement à ne pas faire. Celui qu'il fallait – à l'évidence – être abject pour faire […] La formule célèbre de Godard voyant dans les travellings "une affaire de morale" était à mes yeux un de ces truismes sur lesquels on ne reviendrait pas. Pas moi, en tout cas.[3] »

Pourtant, au fil d'une réflexion qui s'expose doublement dans le temps du cinéma et dans celui de l'histoire, Daney situe précisément le moment où il sut que « l'axiome "travelling de *Kapo*" » devait être revisité. Ce fut en 1979 lors de la diffusion française du feuilleton américain de Marvin Chomsky, *Holocauste*. Passant du grand écran à l'étrange lucarne, Daney affirme avec force, contre les contempteurs du « formalisme », que celui qui a buté sur la « violence formelle » finira par savoir « en quoi cette violence est un fond[4] ». Se déplaçant à l'extrémité de son expérience spectatorielle, Daney conclut son texte avec *We are the children*, un clip télévisé entrelaçant « langoureusement, des images de chanteurs tout à fait célèbres et d'enfants africains tout à fait faméliques », visage actuel de l'abjection en tant que « forme améliorée » du travelling de *Kapo*. Dans ce monde « sans le cinéma » provoquant en lui inquiétude et lassitude, Daney prenait à corps ce changement de médium en nouant « l'éthique[5] » de la forme avec la question des techniques d'enregistrement : « Imaginant les gestes de Pontecorvo décidant du travelling et le mimant avec ses mains, je lui en veux d'autant plus qu'en 1961, un travelling représente encore des rails, des machinos, bref un effort physique. Mais j'imagine moins facilement les gestes du responsable du fondu enchaîné électronique de *We are the children*. Je le devine poussant des boutons sur une console, l'image au bout des doigts, définitivement coupé de ce – et de ceux – qu'elle représente, incapable de soupçonner qu'on puisse lui en vouloir d'être un esclave aux gestes automatiques[6]. »

Si comme Daney je n'ai jamais vu *Kapo*, c'est son article de 1992 et non celui de Rivette découvert par sa seule médiation qui s'imposa comme référence lorsqu'il me fut proposé d'écrire un scénario sur la représentation filmée des camps nazis dans le cadre d'une exposition « virtuelle » recourant aux techniques numériques. C'est à lui que j'ai logiquement redonné l'initiative dans ce texte visant à exposer quelques-unes des raisons qui m'ont fait renoncer à un tel projet.

L'enjeu de ma démarche consistait à transposer dans un espace virtuel tridimensionnel une réflexion menée ailleurs sur les images des camps, à savoir sur les conditions de leur projection et de leur enregistrement par les libérateurs alliés mais aussi sur leurs usages ultérieurs[7]. Envisager l'archive, à l'instar de Derrida, comme toujours ouverte sur son propre devenir, me semblait le moyen de penser le rapport entre ces séquences filmées et les diverses techniques de leur transmission (presse filmée ; documentaires de montage ; insert dans les fictions ; journaux télévisés).

Pour ce faire, il s'agissait d'extraire quelques lignes de force de mon argumentation écrite et de les réarticuler dans le cadre du dispositif propre à l'exposition. Il fallait commencer par poser de nouveau avec netteté la distinction – toujours étonnamment poreuse – entre camps de concentration et centres de mise à mort, un préalable indispensable pour pouvoir rappeler que cette distinction ne fut pas faite en France à la Libération. Évoquée par la presse filmée au printemps 1945, l'histoire de la déportation – fortement marginalisée par les mythologies héroïques dominantes – ne réserva aucune place au destin singulier des Juifs et des Tziganes exterminés à l'Est. Montrer la constitution filmée de la figure hégémonique du résistant-patriote invitait à établir une généalogie de la transmission de l'événement et une chronologie de ses divers points de retournement jusqu'à la butée extrême du temps présent. La mémoire du déporté résistant avait ainsi fait place à celle du déporté dit « racial », à la faveur d'un mouvement de balancier dont l'amplitude témoigne encore aujourd'hui d'une difficile coexistence. Une telle démonstration nécessitait de prendre en compte la question des ressources de l'image très tôt envisagée comme attestation et comme « preuve » de l'événement.

Si certains opérateurs présents dans l'avant-garde des armées libératrices assistèrent à l'ouverture des camps qu'ils filmèrent dans la sidération et l'instantanéité de leur découverte, d'autres images furent préparées et assorties d'une réflexion préalable sur les dispositifs d'enregistrement. Pour Sydney Bernstein, officier britannique chargé du projet de tournage à Bergen-Belsen[8], il s'agissait d'employer des techniques susceptibles de réfuter par avance toute tentative de négation de la part des Allemands auxquels ces images étaient prioritairement destinées. Ayant fait appel au cinéaste Alfred Hitchcock et au monteur Peter Tanner, il se vit notamment conseiller l'usage du plan-séquence et du mouvement panoramique qui permettaient de saisir en un seul plan les gardiens SS de Belsen s'emparant des dépouilles, les notables allemands regroupés pour assister au terrible spectacle et le lancement dans la fosse des corps décharnés. Comme l'expliquait récemment Peter Tanner : « En panoramiquant d'un groupe de notables respectables et d'ecclésiastiques de haut rang jusqu'aux corps et aux cadavres, nous savions que personne ne pourrait suggérer que nous avions truqué le film[9]. » Le projet de Bernstein témoigne d'une triple croyance dans la force du septième art. Sa puissance d'évocation et de suggestion ne saurait être mise en doute comme l'a démontré l'usage de ces séquences par Alain Resnais dans *Nuit et Brouillard*. On peut également créditer le cinéma d'un pouvoir d'attestation sur l'acte en train de se faire (l'opération d'ensevelissement des cadavres) dans la mesure où la figure d'enregistrement choisie substitue au montage le mouvement de caméra qui réunit en un seul espace-temps l'action effectuée et les témoins convoqués pour en rendre compte. En revanche, il convient d'émettre des doutes sur la capacité de l'image filmée à fournir la preuve d'un événement qui déborde le champ de l'objectif dans l'espace comme dans le temps : les grands procès de l'immédiat après-guerre en ont fait largement la démonstration[10].

Cette notion de preuve par l'image relève franchement de l'aporie dès lors qu'il s'agit d'évoquer autre chose que l'existence et la libération des camps de l'Ouest, dès lors surtout que les séquences de Belsen sont instituées en images métonymiques d'un événement sans trace : la destruction massive des Juifs dans les chambres à gaz des centres de mise à mort. Sur ce point il faut admettre avec Shoshana Felman que le génocide fut une « attaque historique contre l'acte de vision », l'essence de la Solution finale étant de se rendre – et de rendre les Juifs – totalement invisibles[11]. C'est sur cette absence de trace que Lanzmann a construit *Shoah*. Pourtant, en dépit de son œuvre-événement, certains cinéastes et journalistes télévisés continuent à « illustrer » telle ou telle évocation de l'extermination des Juifs par les séquences décontextualisées tournées à Belsen, Buchenwald ou Dachau.

À la lumière de ces postulats, on comprendra qu'il me soit d'emblée apparu impensable de dissocier l'argumentation générale de mon propos du dispositif formel offert pour en rendre compte.

Sitôt le projet annoncé, se sont fermement exprimées, ici ou là, des positions de principe sur lesquelles je ne crois pas utile de m'apesantir, réfutant pareillement la posture de Cassandre et celle de l'ange Gabriel. Je me contenterai de formuler deux observations opposables aux *a priori* alors formulés : la virtualité d'un dispositif scénographique ne rend pas nécessairement virtuel l'événement dont il est censé rendre compte… ; les possibilités de trucage et de « manipulation » de l'image (naturellement exclues du projet) sont certes accrues par la numérisation qui présente la particularité de ne pas laisser de trace d'effraction, mais elles n'en demeurent pas moins inscrites dans la continuité d'une pratique ancienne née avec la photographie.

Il me paraît plus fructueux d'exposer ici, tels qu'ils se sont posés concrète-ment, les atouts et les contraintes de l'espace virtuel destiné à une telle évocation.

Remontant en amont dans la démarche de recherche, je signalerai le progrès offert par les logiciels informatiques permettant le découpage des séquences, la saisie et l'impression des photogrammes, toutes pratiques facilitant les opérations d'expertise, d'authentification et de comparaison désormais applicables à de vastes corpus d'images[12].

La présentation des analyses ainsi obtenues peut s'enrichir d'un support et d'une saisie numériques susceptibles d'élargir l'image à son hors-champ pour la contextualiser et la problématiser. En ce sens, le numérique démultiplie et enrichit les ressources scénographiques ouvertes par la vidéo telles que les utilisent par exemple Godard dans *Histoire(s) du cinéma*. La modalité de la comparaison constitue en effet aux yeux du cinéaste une innovation majeure qui donne sens à son entreprise : « Les films ne sont à mon avis, presque plus vus, puisque vu, pour moi, veut dire : possibilité de comparer ; mais comparer deux choses, pas comparer une image et le souvenir qu'on en a ; comparer deux images, et au moment où on les voit, indiquer certains rapports. Si on dit : Eisenstein, dans tel film, a repris le montage parallèle inauguré théoriquement par Griffith, il faudrait projeter Griffith à gauche, Eisenstein à côté. On verrait alors, comme en justice, on voit tout d'un coup que quelque chose est vrai et quelque chose est faux. Et on pourrait discuter. Mais on conçoit que deux salles de cinéma côté à côté, ce soit un peu difficile. Or, aujourd'hui existe la vidéo. Les films peuvent être mis sur vidéo et comparés[13]. »

Cette mise en regard vidéographique trouve sa pleine efficience dans le recours aux techniques numériques qui accroissent les possibilités de produire un méta-récit sur le document filmé et une délinéarisation narrative de sa mise en critique. Réenvisageant la relation entre Histoire et récit cinématographique à la lumière du numérique, Chris Marker démontre ainsi, dans *Level 5*, les potentialités d'un dispositif hybride permettant de rendre compte de l'événement (la bataille d'Okinawa) et de ses différents modes de représentation. En multipliant les supports et les tailles des images recadrées dans ses plans, en diversifiant les voix qui en font l'exégèse et les modalités de leur apparition à l'écran, en alternant les genres du récit filmique, Marker amorce une nouvelle poétique de l'Histoire qui laisse cependant en suspens la question du statut renouvelé de la littérature dans l'art cinématographique (ainsi le monologue de Laura nous laisse-t-il entrevoir l'écrivain-cinéaste en Janus bifrons, assis entre deux siècles).

Le passage de l'écran plat à l'espace virtuel tridimensionnel envisagé pour l'exposition multiplie encore la possibilité de construire une approche critique du document filmé : collages, arrêts sur image, ralentis, écrans panoptiques, élargissement du champ pour signaler la position des caméras peuvent trouver leur pleine efficacité dans un espace ouvert à la stratification des opérations de décryptage, à la polyphonie de voix constitutives d'un vaste hypertexte, aux ressources graphiques d'une cartographie signalant la trace des opérations de pensée ayant conduit à la mise en perspective des images.

Mais ces ressources scénographiques nécessitent dans le même temps une vigilance accrue, une codification des normes de représentation, une réflexion anticipatrice sur les modes de réception du visiteur auquel est offerte une pratique plus actorielle de l'image. C'est pourquoi, reprenant le prédicat de Daney sur la violence formelle comme violence de fond, j'avais posé comme préalable l'indissociabilité du travail d'écriture scénaristique et du travail de conception scénographique. D'emblée, cette condition s'inscrivait dans le cadre d'un dispositif général établi en amont qui définissait le protocole de consultation offert au futur visiteur de l'exposition. Ce dernier, équipé d'un casque virtuel et d'une manette de déplacement, aurait à se déplacer « le long d'une arborescence regroupant des modules argumentés de présentations de documents (montages très courts de plusieurs documents, documents primaires acccompagnés de "cartels sonores ou textuels")[14] ». Une fois introduit dans un module, il y serait libre de ses mouvements et pourrait choisir à sa guise l'ordre de sa consultation dont la durée ne pouvait excéder une quinzaine de minutes.

Extrapolant à partir de cette description du dispositif, je souhaiterais distinguer les conditions nécessaires qui auraient hypothétiquement pu être remplies (au terme d'un travail conçu en synergie) et les obstacles qui m'ont finalement paru infranchissables compte tenu du sujet abordé.

En premier lieu, il m'aurait fallu dialoguer avec le concepteur de cet espace virtuel pour savoir s'il envisageait le terme d'« arborescence » comme une simple formule de style ou bien comme une figure programmatique de sa pratique scénographique. Dans *Mille Plateaux*, Gilles Deleuze et Félix Guattari opposent en effet l'arbre au rhizome comme image de la pensée : l'arbre, système hiérarchique, est machine binaire ou principe de dichotomie, avec ses embranchements perpétuellement répartis et reproduits tandis que le rhizome propose « des lignes qui ne se ramènent pas à la trajectoire d'un point[15] », des évolutions non parallèles, des carrefours herméneutiques de sens. Appliquée à un dispositif scénique, une telle distinction permet d'imaginer deux protocoles de consultation : soit un chaînage de séquences et de photogrammes ouverts sous le signe de la flèche ou de la boucle ; soit la construction spatiale d'une « fenêtre-témoin » gardant en mémoire les ramifications tracées à partir du document audiovisuel. Le choix entre ces deux options me semble essentiel pour définir la nature de la circulation laissée au libre choix du visiteur. Il y a selon moi un écart épistémologique entre ces deux positions, l'une proposant au visiteur de naviguer dans une banque d'images, l'autre de mettre en rapport ces mêmes images avec le temps de l'histoire et celui du médium. Dans le premier cas, les scénaristes sont invités à concevoir leur prologue comme un point d'origine, un arbre d'où partiraient des branches séquentielles également réparties ; dans le second cas, ils peuvent travailler à l'établissement de bifurcations thématiques et iconographiques débouchant sur un objet palimpseste, chaque sous-section permettant de retenir – sous forme d'indices et de fausses transparences – la trace des opérations de pensée ayant mobilisé la consultation de documents filmés, d'archives textuelles ou d'entretiens oraux. Une fois tranchée cette hypothèque épistémologique, il restait à penser l'adaptation de ce dispositif au sujet spécifique et sensible de la représentation filmée des camps nazis.

Poursuivant en effet mon exégèse de la note d'intention scénographique, j'en viens à la nature même des documents disponibles pour élaborer ce « module ». Entrent dans une première catégorie les images dites « d'archives » tournées par les Alliés lors de la libération des camps. Il faut y adjoindre non seulement les sujets des *Actualités Françaises* de la Libération (exclusivement consacrés à l'ouverture des camps de l'Ouest) mais également les films de montage de « seconde génération » (principalement *Nuit et Brouillard*) et les fictions plaçant en abyme le visionnage des dites archives par des spectateurs allemands (je pense ici à *Frieda* de Basil Dearden, à *Verboten* de Samuel Fuller ou aux *Années de plomb*, œuvre dans laquelle Margarethe von Trotta reconstitue une projection du film de Resnais organisée pour des lycéens dans l'Allemagne fédérale des années soixante[16]). Toutes ces séquences ont pour point commun de présenter en plein écran des panoramiques de charniers ou des plans serrés sur des cadavres dénudés ; cette spécificité se heurtait à mon sens à la technique de visionnage proposée. Si l'on dispose d'études comparatives récentes sur les dispositifs du cinéma et de la télévision en tant qu'ils conditionnent ce que François Jost appelle des « attitudes spectatorielles », on est sans repère quant à l'usage du casque virtuel. Ce dernier, en effaçant la distance de l'oeil à l'écran, crée une contiguïté physique de l'image et du « corps regardant », dont elle devient une forme d'excroissance. David Cronenberg, dans *Vidéodrome* (1982), s'est intéressé à ce dispositif comme « prochaine étape de l'évolution de l'homme en tant qu'animal technologique ». Replacé dans l'univers singulier de ce cinéaste, le casque virtuel passe de la fonction de diffuseur à celle de récepteur des images fantasmées par son utilisateur. Par-delà la fiction d'anticipation, je poserai que ce nouveau rapport facial et quasi « tactile » à l'image excluait toute expérimentation du casque virtuel pour les documents de cette première série.

Entraient dans une seconde catégorie des œuvres cinématographiques majeures réfutant précisément le recours aux archives dites « d'époque » et dénonçant la fausseté de l'image-souvenir. Au film de Claude Lanzmann,

j'aurais notamment souhaité adjoindre *Drancy Avenir* d'Arnaud des Pallières :
le cinéaste y inscrit sa démarche dans la filiation de *Shoah* mais il en déplace
l'horizon temporel pour transporter le spectateur dans un futur d'anticipation
où la parole vivante du dernier déporté se sera définitivement tarie.
Indispensable à une réflexion sur le rapport du cinéma à l'événement
(la destruction des Juifs d'Europe), l'évocation de telles œuvres butait sur un
nouvel obstacle : celui de la durée. Si la présentation argumentée d'un extrait
de *Shoah* ne pouvait évidemment rendre justice à une œuvre qui se constitue
aussi dans le temps de son énonciation, elle n'en eut pas moins été éclairante
si ce morceau choisi avait porté, non point sur quelques plans ou une courte
séquence, mais sur une véritable unité narrative du film. Or, dans la mesure
où la durée de consultation du module – contrairement à celle d'un cédérom
ou d'un programme multimédia en ligne – se trouvait rigoureusement limitée
dans le temps, la logique d'un « essai sur l'extrait » risquait de faire place à
la pratique spectaculaire du clip.

Ce lit de Procuste du dispositif scénographique m'apparaissait moins
insurmontable pour les documents de la troisième catégorie, celle des fictions
de reconstitution (telles *Holocauste* ; *La Liste de Schindler* ou *La vie est belle*).
Mais leur convocation dans le dispositif n'avait de sens que dans une mise en
perspective avec les documents ci-dessus mentionnés… Que n'aurait-on pensé
si le module avait été exclusivement composé par des séquences de Chomsky,
Spielberg ou Benigni !

Il fallait donc se rendre à l'évidence et renoncer au projet. Cette décision
fut prise en plein accord avec les commissaires de l'exposition au sein de la
Bpi : nous étions pareillement conscients des enjeux et des risques de
l'entreprise et nous ne voulions pas produire, à notre corps défendant, une
nouvelle variante du « travelling de *Kapo* ».

1. Ce texte a été rédigé en 1999 lors d'une réflexion sur la possibilité d'inclure dans un projet d'exposition en espace virtuel un scénario documentaire sur la représentation filmée des camps nazis.
2. Jacques Rivette, « De l'abjection », *Les Cahiers du Cinéma*, n° 120, juin 1961.
3. Serge Daney, « Le travelling de *Kapo* » paru dans le n° 4 de *Trafic*, automne 1992 et repris dans *Persévérance*, P.O.L, 1994, p. 16.
4. S. Daney, *op. cit*, p. 35-37.
5. Contre la vague « éthique des principes », je me réfère ici à l'« éthique des vérités » définie par Alain Badiou dans *L'Éthique. Essai sur la conscience du Mal*, Paris, Hatier, 1993.
6. Daney, *op. cit*, p. 38.
7. *Cf.* Sylvie Lindeperg, *Clio de 5 à 7. Les actualités filmées de la Libération : archives du futur*, Paris, CNRS Éditions, à paraître en octobre 2000.
8. Bernstein était responsable de la section film au sein de l'état-major de l'armée britannique ; il fut chargé de réaliser un documentaire sur les camps nazis dès le mois de février 1945.
9. Interviewé dans le documentaire *A Painful Reminder*, production Granada TV, 1985, présentée en version française sous le titre *La Mémoire meurtrie*.
10. *Cf.* Sylvie Lindeperg, *op. cit*, chapitre V « Crimes et châtiments ».
11. Shoshana Felman « À l'âge du témoignage : *Shoah* de Claude Lanzmann » in *Au sujet de Shoah. Le film de Claude Lanzmann*, Paris, Belin, 1990, p. 61.
12. Je pense notamment au logiciel « videoscribe » proposé aux chercheurs par l'Inathèque de France.
13. Cité par Dominique Païni in « Que peut le cinéma ? » dans le numéro hors série de *Artpress* « Le Siècle de Jean-Luc Godard », 4ᵉ trimestre 1998.
14. Note d'intention du scénographe.
15. Gilles Deleuze et Claire Parnet, *Dialogues*, Paris, Flammarion, 1996, p. 34-35.
16. *Frieda*, Basil Dearden, Grande-Bretagne, 1947 ; *Verboten*, Samuel Fuller, États-Unis, 1959 ; *Les Années de plomb*, Margarethe von Trotta, République fédérale d'Allemagne, 1981.

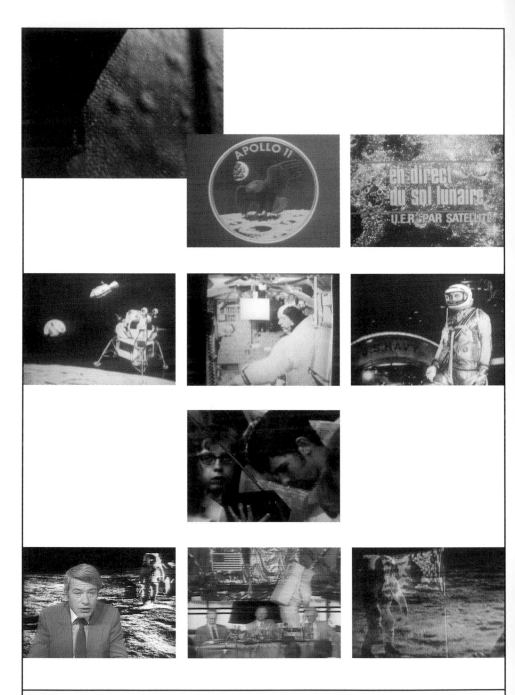

De la Lune à la Terre

JACQUELINE CHERVIN

Collaboratrice à France 2, doctorante en sciences de l'information et de la communication ;
université de Paris VII

Parmi tous les sujets scientifiques traités dans les journaux télévisés[1] durant les cinquante dernières années du xxe siècle, deux rubriques – l'espace et l'environnement – sont le plus fréquemment développées. En revanche, un net basculement de l'intérêt respectif porté à chacune d'elle s'opère dans le début des années soixante-dix. Tandis que pendant les vingt-cinq premières années, c'est le thème de l'espace qui domine l'actualité scientifique et technique, la hiérarchie s'inverse ensuite pour céder la place au thème de l'environnement, et ce jusqu'à la fin des années quatre-vingt-dix.

Si l'on examine de près les définitions des termes « espace » et « environnement », on constate qu'ils relèvent tous deux du même registre : celui du lieu. L'espace, c'est bien sûr l'étendue des airs, la superficie, mais aussi le vide, la distance qui sépare. L'environnement c'est aussi de l'espace, mais avec l'idée d'un contour, d'une délimitation. De cette distinction, deux questions surgissent alors : De quels lieux sommes-nous séparés ? De quels lieux sommes-nous entourés ?

C'est à travers ces interrogations, dont la résonance appelle une multitude d'interprétations dans le champ social, politique et culturel, que le journal télévisé aborde ces deux thématiques.

Les champs d'observation

Nouveau monde et manteau terrestre

Dans une première période qui s'étend du milieu des années soixante au début des années soixante-dix, le regard porté, à travers le journal télévisé, sur la conquête de l'espace participe d'une vision scientifique dont le référent est l'astronomie. La question qui occupe les esprits se pose en terme de découverte, d'observation, et la curiosité à l'égard de l'infini et de l'inconnu reflète un appétit de connaissance emprunté à la démarche scientifique. Le premier pas sur la Lune, exploit dont la portée scientifique masque la rivalité politique et stratégique entre les deux nations dominantes, est l'événement majeur de cette période. Mais au lieu de le traiter sous l'angle de ses implications diplomatiques, la télévision joue le jeu d'une démarche scientifique, dans une attitude plus proche de la vulgarisation que de l'information.

Les journalistes s'attachent alors à accompagner les scientifiques dans le champ de l'observation – description du sol lunaire, de la lumière, des effets thermiques –, mais aussi dans le champ de l'expérimentation – suivi des missions scientifiques que doivent accomplir les astronautes : récolte des pierres lunaires, installation d'un sismographe ou d'un réflecteur laser. Les journalistes vont également inscrire l'événement dans un autre cadre scientifique qui concerne cette fois-ci la performance technologique de la navigation spatiale : puissance des fusées, résistance des matériaux, informatique. C'est l'aboutissement d'un long et fastidieux travail de prospective, dont ils détiennent maintenant toutes les données.

Cette volonté de donner à la première marche lunaire une légitimité scientifique est validée par la présence, sur les plateaux télévisés, d'experts dont l'étendue des connaissances permet d'approcher la finalité scientifique de l'expédition. L'instauration de ce type de dispositif où journalistes et scientifiques se livrent à un dialogue didactique résulte pour une grande part de l'initiative du ministre de l'Information, Alain Peyrefitte, qui a imposé en 1963 à la télévision une politique rédactionnelle basée sur la transparence et l'objectivité des faits[2]. C'est dans ce souci de crédibilité que le journal télévisé met en avant des journalistes spécialisés dont la mission consiste à expliciter les événements. Les sciences, et tout particulièrement les sciences exactes, envisagées comme source de vérité, vont servir au traitement de ce nouveau rapport au réel, surtout avec l'arrivée de François de Closets en 1965, expert et journaliste chargé d'éclairer les grandes orientations scientifiques et techniques de l'époque, à savoir la conquête spatiale et le nucléaire[3]. Il devient manifeste que, forts des connaissances scientifiques qu'ils ont acquises, les journalistes spécialisés sont tout à fait capables d'assurer un échange, de confronter leur savoir avec ceux des experts scientifiques, tout en leur laissant les honneurs et en leur assurant une totale autonomie pour s'exprimer dans leurs domaines.

À la même époque, en mars 1967, les reportages sur la marée noire provoquée par le Torrey Canyon sont significatifs de l'esprit dans lequel le thème de l'environnement est traité à la télévision. Comme pour la conquête spatiale, l'événement est abordé d'un point de vue scientifique, dans la mesure où la prise de conscience qui s'effectue alors concerne les limites physiques de la résistance de la planète aux agressions. Dans un premier temps, l'événement est traité comme un accident où l'intrusion d'un corps étranger, le mazout, vient modifier faune et flore côtières et constitue une menace vitale pour le sol et les oiseaux.

Au-delà du simple constat de saccage du littoral, les reportages révèlent les conséquences à long terme sur la nature et sensibilisent les spectateurs à ce problème. Les témoignages d'ordre scientifique permettent de faire comprendre pourquoi un accident, à première vue localisé, peut toucher en réalité la planète entière, révélant ainsi la connexion possible entre écosystème local et écosystème planétaire. Ces reportages débouchent sur un appel à la mobilisation, dont la nécessité apparaît comme évidente après que l'opinion s'est rendu compte de la fragilité de la planète. C'est la préfiguration des séries d'émissions scientifiques consacrées aux problèmes d'environnement qui apparaîtront à la fin des années soixante.

Ainsi la télévision ne soulève aucune polémique au sujet de la catastrophe du Torrey Canyon et ne vise jamais à rechercher les responsabilités, pas plus qu'elle n'avait envisagé le premier pas sur la Lune dans un cadre politique ou économique, au contraire des autres médias, comme la radio ou la presse écrite, qui avaient soumis le défi de la Lune à une réflexion critique.

Dans cette première période, le regard sur la conquête de l'espace et sur l'environnement relève d'une vision scientifique qui se veut objective et éaliste. Mais si la catastrophe du Torrey Canyon constitue un premier avertissement et jette un doute sur les bienfaits des avancées technologiques, les problèmes de l'environnement n'ont encore qu'une importance mineure par rapport à la conquête de l'espace qui demeure la vitrine du progrès. La réussite du premier contact d'un homme avec le sol lunaire donne raison à la science, et cette victoire laisse auguror une multitude d'autres découvertes. À cette époque, la télévision se situe encore résolument dans la perspective positiviste d'un monde infini, convaincue que l'avenir va de pair avec le progrès dans une parfaite linéarité – passé, présent et futur.

Territoire maritime et occupation de l'espace

Pendant la seconde période qui commence au début des années soixante-dix, les priorités de la télévision concernant le domaine scientifique s'inversent radicalement : désormais le traitement de l'environnement est nettement privilégié par rapport à celui de l'espace. Toutefois, comme dans la période précédente, la médiation de ces deux thématiques présente une similitude : dans les deux cas, la vision des événements devient plus abstraite et symbolique que concrète et objective. En 1978, la télévision interprète la catastrophe de l'Amoco Cadiz comme le signe d'une dégradation dangereuse pour le devenir de la planète, interprétation où la nappe de pétrole est à l'image d'un monstre qui dévaste une nature subjectivée, idéalisée telle l'image glacée des cartes postales.

Au fil des jours, les reportages utilisent en alternance des plans en vue aérienne et des photographics validées par l'Institut géographique national. Puis, aux perspectives en plongée vient s'ajouter toute une série de cartes géographiques, cartes routières, cartes schématisant les conventions internationales de la circulation des bateaux au large des côtes. L'utilisation de toutes ces cartes reflète une conceptualisation de la perception de la surface de la planète. Cette présence cartographique permet en effet de visualiser une très grande partie de territoire plus qu'un objectif de caméra ne pourrait jamais le faire, de mieux expliquer la dynamique de propagation du pétrole. Mais surtout, à travers le quadrillage, la schématisation, et tous les types de représentation tendant à une maîtrise géographique du sol, elle permet de prendre conscience d'une territorialité de la planète et par la même occasion de sa finitude. On assiste ainsi au passage d'une représentation physique du territoire à une représentation politique. Cette nouvelle donnée, qui introduit la notion d'interaction entre les hommes et la gestion du territoire, change radicalement le traitement de cet événement ; événement qu'une intervention contestataire massive des habitants de la région sinistrée érige en « problème de société[4] ». Situation fondamentalement différente de celle de l'époque du Torrey Canyon : les reportages donnent la parole aux habitants qui s'affirment, non pas comme des individus anonymes, mais comme des citoyens revendiquant leurs droits dans le devenir économique de la région. Cette nouvelle forme de traitement de l'information génère une prise de conscience grâce à laquelle la planète commence à être appréhendée dans un cadre politique et institutionnel. Elle révèle ainsi certains dysfonctionnements aussi bien nationaux qu'internationaux : la pratique des pavillons de complaisance, l'inadaptation de la législation régissant la circulation des bateaux au large des côtes et de celle concernant le sauvetage et l'assistance aux navires en détresse.

Quatre ans plus tard, en juin 1982, le vaisseau Soyouz, qui emmène à son bord, parmi l'équipage soviétique, le premier spationaute français, Jean-Loup Chrétien, va rejoindre la station orbitale Saliout. Plusieurs vols habités ont eu lieu depuis le premier pas sur la Lune, et les recherches de la Nasa continuent. Mais ces missions, qui remportent d'ailleurs moins de succès auprès des institutions scientifiques, ne sont pas couvertes par les médias avec la même ampleur.

Si l'on tente de comprendre quels sont les impératifs scientifiques qui président à la mission Soyouz-Saliout, on constate que la question de la finalité scientifique reste sans réponse. En revanche, les questions d'ordre pratique qui concernent la navigation sont plus présentes. Mais bien que l'événement ne soit pas traité sur le strict plan scientifique et technologique, il n'est pas pour autant sous-estimé car, dans cette expédition, la télévision met l'accent sur trois événements majeurs qui constituent trois grandes premières : c'est le premier Français dans l'espace ; ce Français est accueilli par une équipe russe ; les Russes dévoilent pour la première fois leur base de lancement de Baïkonour, où est concentré leur matériel de navigation. Ils ont toujours opéré en grand secret, contrairement aux Américains, qui ont mené le projet Apollo dans un souci de transparence afin d'entraîner l'adhésion de leur opinion. En 1982, les Soviétiques, voulant jouer le même jeu, suscitent un vif intérêt auprès des journalistes de télévision. Tout comme dans le traitement de l'Amoco

Cadiz, on retrouve ici cette dimension plus abstraite de l'information, où le contexte politique, diplomatique, voire stratégique de la mission spatiale semble implicitement prendre le pas sur la performance scientifique. C'est dans un esprit de convivialité que la télévision observe le rapprochement entre Russes et Français, faisant du cosmos un lieu de cohabitation. Si les regards ne se focalisent plus sur l'espace infini mais sur l'intérieur de la cabine des cosmonautes. Les références à l'esprit d'équipe, à la vie quotidienne dans un lieu d'habitation commun, symbolisent tout à fait l'aspect diplomatique de la mission spatiale.

Cet intérêt pour les conditions de cohabitation et, tout simplement, d'habitation, traduit bien la tendance de l'époque : retour à l'intimité et repliement sur la planète Terre. D'ailleurs, les expéditions de la Nasa ont également cessé de se polariser sur la découverte de l'inconnu pour s'orienter de plus en plus vers l'observation de la planète. Quant à la télévision, elle semble bien s'accommoder de cette politique de recherche, qui lui permet de recentrer son champ d'observation sur les problèmes humains et terrestres.

Les reportages de cette deuxième période ont un ancrage dans le temps tout à fait différent des précédents. La promesse d'un avenir sécurisé grâce au progrès s'efface. Même quand il s'agit de l'espace, toute projection dans le futur (technologique) a pratiquement disparu, et nous sommes bien loin de l'élan positiviste qui caractérisait l'aventure du premier pas sur la Lune. C'est par rapport à l'environnement que se définit la relation au temps, mais sous un angle totalement pessimiste. L'accident du Torrey Canyon, qui apparaît comme une répétition du scénario « marée noire » de l'Amoco, rappelle un passé traumatisant. L'avenir n'est plus appréhendé dans l'attente, pleine d'espoir, du renouvellement perpétuel des cycles naturels, mais dans la perspective contraignante de la prévision nécessaire. Ajoutons que cet état d'esprit n'apparaît pas uniquement dans l'idéologie télévisuelle : l'émergence des courants écologistes et la création du ministère de l'Environnement entraînent un réveil contestataire de l'opinion publique. À la prise de conscience du risque d'une détérioration physique et économique de la planète qui met en danger sa survie, s'ajoute celle du temps qu'il faut désormais anticiper et maîtriser.

Universel et salons

Dans une troisième période, qui débute au milieu des années quatre-vingt, on assiste à l'émergence d'une nouvelle forme de médiation, dans laquelle les thèmes de l'espace et de l'environnement sont traités sous le même angle : maintenant, c'est la notion de communication qui semble la plus propre à définir les centres d'intérêt des journaux télévisés.

Dans le domaine de l'environnement, hormis la marée noire consécutive au naufrage de l'Erika, en décembre 1999, les événements qui marquent le plus les esprits sont les catastrophes naturelles, à commencer par l'inondation de Vaison-la-Romaine en septembre 1992, qui sera suivie de plusieurs autres. Cette fois c'est la nature elle-même, en proie à une folie dévastatrice, qui fait preuve de monstruosité : tout n'est que rivières en furie, déluge, spectacle de désolation – expressions qui alimentent un imaginaire fondé sur l'idée de fatalité. Si la destruction des sols et du paysage n'est pratiquement pas évoquée, on s'étend en revanche à loisir sur les dégâts matériels. La télévision ressasse les images des maisons détruites, des objets quotidiens éparpillés dans les décombres, mais aussi celles des ponts coupés, des voies de chemin de fer interrompues, des routes défoncées, des lignes électriques brisées – tous objets techniques symbolisant l'idée du progrès. Détruisant ainsi toute la logistique qui permet aux hommes de communiquer entre eux, la nature plonge les régions dévastées et leurs populations dans l'isolement – thème que les journaux télévisés développent à l'envi. La parole est, là aussi, donnée aux habitants anonymes, mais les plaintes ont changé de registre. Les « gens » interrogés dans les reportages des années quatre-vingt ne sont plus les citoyens contestataires de 1978 : on n'y voit plus que des victimes. En état de choc, réunis dans une même hébétude, les témoins sont là pour exprimer leur émotion, et ils n'accusent personne d'autre que le destin.

Pourtant, ils auraient des raisons de se montrer plus offensifs. Les reportages font en effet état de critiques mettant en cause la gestion de l'environnement par les institutions publiques ou les autorités locales, alléguant que ces catastrophes naturelles pourraient bien être des accidents industriels. Quoi qu'il en soit, lorsque les accusateurs apparaissent à l'écran, on constate que ce ne sont pas des habitants, mais des experts ou des représentants de diverses associations et institutions impliquées dans la défense de l'environnement. Pour ce qui est des victimes, la télévision préfère se pencher sur leur vie privée ou montrer l'élan de solidarité qui se manifeste pour leur porter secours, dans un univers organisé par la communication.

Nous retrouvons par ailleurs cet intérêt pour la vie quotidienne dans le traitement qu'elle réserve à l'espace. Le 3 novembre 1994, le spationaute français Jean-François Clervoy part en mission avec la navette américaine Atlantis, dans le cadre d'un programme de la Nasa. Contrairement à ce qui s'était passé pendant la période que nous avons étudiée précédemment, la finalité scientifique de ce voyage dans l'espace est abordée et explicitée dans les retransmissions de façon beaucoup plus précise. Ce qui en ressort est que la mission ne relève pas d'un élan positiviste visant à transformer le devenir de l'homme. Elle se cantonne dans des objectifs raisonnables : il n'est plus question d'aller à la recherche de l'inconnu, mais de trouver des solutions aux problèmes liés à la couche d'ozone. Le thème de l'espace rejoint ici celui de l'environnement, et les scientifiques, à travers Jean-François Clervoy, ne sont plus appréhendés comme des découvreurs, mais plutôt comme des réparateurs. Jean-François Clervoy est présenté comme une personnalité importante. On insiste beaucoup sur sa nationalité française et sur son appartenance à l'élite polytechnicienne. Il renvoie l'image d'un serviteur modèle de la nation et de la planète. Mais ce qui va faire de lui un personnage charismatique, c'est son apparition à l'écran en tant qu'homme semblable à tous les autres, avec sa famille, sa maison, ses hobbies et son quotidien similaire à celui de n'importe qui. Dans les années soixante, les cosmonautes étaient perçus comme des héros, qui certes avaient eux aussi leur vie personnelle, mais les allusions étaient furtives et apparaissaient plutôt en conclusion des reportages. Dans les émissions qui tracent le portrait du cosmonaute français, les informations concernant sa carrière sont livrées quasiment comme des anecdotes renvoyant à un contexte privé. Toute la symbolique qui émane des images d'un foyer ordinaire – l'intimité confortable du salon – est transposée dans la fusée que Jean-François Clervoy va habiter pendant quelques jours. Les moments forts de l'événement sont concentrés dans les transmissions en direct depuis la navette Columbia, pendant lesquelles le cosmonaute fait part de ses activités scientifiques mais aussi de l'organisation du quotidien dans la cabine. Ces images, où le regard de Jean-François Clervoy fait face à la caméra, traduisent la volonté d'installer un champ-contrechamp avec le téléspectateur. Celui-ci a ainsi l'impression d'être lui-même dans la fusée, et le cosmonaute peut se croire dans le salon du téléspectateur : la distance qui les sépare est abolie. Et quand Jean-François Clervoy revient de son périple, la télévision se focalise sur sa capacité à communiquer avec les téléspectateurs dans le registre de l'émotion, du témoignage fort et du ressenti, plutôt que sur le compte rendu de ses activités scientifiques.

Dans ces années, le thème de l'espace renvoie à un monde idéalisé où communication par satellite et communication entre les êtres se recoupent : ce qui importe est la quête du bien-être intérieur. Et, sur ce sujet comme sur celui de l'environnement, la concentration sur soi se traduit aussi par un nouveau rapport au temps. Face à un avenir incertain, c'est le moment présent qui prévaut dans les reportages : moment de douleur pour les victimes des catastrophes naturelles, moment de bonheur pour les cosmonautes, exaltés par le caractère exceptionnel de leur aventure. Dans les deux cas, le présent appelle l'évocation du passé, qui prend la forme de souvenirs personnels, comme dans un album de famille[5]. Les reportages sur les inondations ou sur la marée noire de l'Erika ne manquent pas d'insister sur la perte irrémédiable des photos ou des objets de famille qu'ont subie les victimes, et qui marque une rupture avec leur passé. Et quand Jean-François Clervoy emporte avec lui des photos de ses proches dans la navette ou ramène de l'espace des films pérennisant le souvenir des instants de détente passés avec ses coéquipiers, il instaure une cohérence entre passé, présent et avenir – toujours dans le registre de l'intimité.

À l'arrière-plan des thèmes scientifiques de l'espace et de l'environnement, la médiation commune à ces trois périodes insiste sur une conscience du monde qui ne cesse d'évoluer. Dans la première période, à partir du milieu des années soixante, la construction de l'événement scientifique s'inscrit dans son propre contexte, où les regards sont braqués sur l'inconnu et l'infini.

La deuxième période, qui débute tôt dans les années soixante-dix, se situe plutôt dans un contexte politique – diplomatique et juridique. La relation au lieu se transforme et devient plus abstraite : la fascination pour l'univers se tarit ainsi au profit d'un recentrage sur la planète.

Enfin, la troisième période se manifeste par l'émergence d'un monde virtuel fondé sur la communication. L'isolement causé par les catastrophes naturelles est donné à voir comme le fléau majeur, et la possibilité de faire communiquer les hommes du plus lointain – l'espace – au plus proche – le salon de monsieur Tout-le-Monde – apparaît comme un idéal. L'émergence d'un paradoxe de l'éloignement amène à se côtoyer une conscience globale qui se virtualise, en même temps que les possibilités technologiques de communication se « planétarise », et une conscience locale qui « s'intimise[6] ».

Malgré cette inversion des regards, qui se détournent de l'infini pour se recentrer sur le chez-soi, on note, à l'intérieur des thèmes de l'espace et de l'environnement, une certaine constance des symboliques liées à l'idée de progrès. Même si l'image de l'espace évolue, délaissant la notion du progrès pour celle de l'émerveillement, elle reflète toujours une vision positiviste, et le journal télévisé continue à présenter ce thème comme la vitrine de la science. En revanche, les questions touchant à l'environnement sont toujours traitées dans une optique hostile à l'idée de progrès, et la symbolique qu'elles véhiculent renvoie à un monde terrifiant[7].

La promesse cathodique

Parallèlement à l'évolution des champs d'observation dans les thématiques de l'espace et de l'environnement, une autre dimension scientifique apparaît progressivement dans ces années ; elle concerne, cette fois, l'évolution de la technique de la télévision. L'événement des premiers pas sur la Lune est particulier dans l'histoire du direct à la télévision car c'est un événement où la télévision revendique un discours réflexif sur la technique de retransmission de l'image, en association avec une institution scientifique : la Nasa. Seules les images de la petite caméra de la Nasa que les astronautes avaient emportée avec eux sur la Lune ont permis de voir et de croire. De plus, c'est également à cette occasion que la performance de la télévision en liaison avec les télécommunications est mise à l'épreuve : il s'agit d'organiser un immense rassemblement devant les écrans, en diffusant en direct, dans chaque foyer du monde entier, l'image des premiers pas d'Armstrong et Aldrin sur la Lune.

En lui confiant, dans une volonté de totale transparence, la diffusion inté-grale de l'expérience, le gouvernement américain – en l'occurrence ici, la Nasa –, utilise la télévision pour prouver sa supériorité dans le domaine de la conquête spatiale. Mais tout en devenant un instrument au service de la Nasa, elle ne tire pas moins parti de cette célébration du premier pas pour réaliser en même temps son autocélébration médiatique. En se montrant capable d'offrir en exclusivité au monde entier l'immédiateté de l'événement, elle met en valeur ses propres performances techniques tout en s'affirmant dans un rôle social déterminant, fondé sur la globalisation de l'information.

Il est bon de préciser que la situation n'est pas celle d'une démarche tech-niciste, il s'agit bien du discours sur la technique et non pas des effets de la technique sur le discours. Cependant, le discours télévisuel consacré à l'aspect technologique de la communication ne reste pas immuable au cours des années. Un glissement s'opère dans le traitement de l'information, les aspects « normatif » et « fonctionnel »[8] de la communication sont associés, de manière complexe, selon une évolution que l'on peut découper en trois étapes essentielles.

Avant le premier pas sur la Lune :

Dans le courant des années soixante, c'est grâce aux photos par satellite que les astronomes peuvent enrichir leurs connaissances. L'image devenue outil d'expertise et de découverte pour les chercheurs, la télévision constitue un relais idéal pour propager un savoir reposant sur l'observation visuelle. Diffusant des images garantes d'une vérité car validées par les autorités scientifiques, elle se flatte de sa connivence avec ces dernières. Et puisqu'elle transmet une réalité, la télévision publique répond pleinement aux objectifs qui lui sont imposés, à savoir : informer, éduquer, distraire.

1969 : avènement de la Mondovision :

Au-delà de l'expérience scientifique offerte en direct aux yeux du monde entier, au-delà de la mission de la télévision de produire une preuve, l'événement scientifique – le premier pas sur la Lune – devient un spectacle dont l'aspect promotionnel, fondé sur la divulgation d'images inédites, tient une place importante. Cette notion de spectaculaire n'est pas le fait de la télévision dans une tentative de récupération de l'événement à son propre profit. En revanche, le gouvernement américain est effectivement tout à fait conscient des implications du spectacle télévisuel qu'il présente au monde[9]. Dès la préparation du projet Apollo, à l'époque de la guerre froide, J. F. Kennedy avait pensé à la télévision pour fédérer l'opinion et avait décidé, dans ce contexte, de jouer ainsi la transparence face aux Soviétiques, qui œuvraient dans le plus grand secret. L'heure du premier pas d'Armstrong est calculée pour que les téléspectateurs américains le voient en *prime time*, une intervention du président Nixon est prévue, et ce sont les ingénieurs de la salle de contrôle de la Nasa qui règlent l'angle de prise de vue de la caméra. Dès lors, la Nasa devient un acteur essentiel dans la production d'une émission de télévision. Nasa et institution de télévision sont totalement complices dans cette affaire, et la télévision ne se prive pas de faire valoir sa performance par nombre de reportages et d'interventions destinés à expliciter le dispositif technique de l'opération. Le signal vidéo permet aux scientifiques de la salle de contrôle de Houston d'observer l'expérience et de faire leur travail en conséquence. Les capacités technologiques des télécommunications et de la télévision permettent, elles, de transmettre au monde entier les images de la Lune. Cette manière de retransmettre en direct les premiers pas donne à penser que la technique de diffusion de l'image contribue à l'expérience scientifique, et qu'elle est ainsi constitutive de l'événement. Dans cette expérience, qui unit son propre défi technique – celui de la diffusion des images – au défi scientifique d'une institution comme la Nasa, la télévision s'affirme donc en tant que *producteur d'un discours vrai sur la science*.

Après la Lune :

En 1978, la catastrophe de l'Amoco Cadiz ne fait pas l'objet de retransmissions en direct, mais on observe une présence affirmée des journalistes, notamment de Roger Giquel, qui inaugure une nouvelle attitude du journal télévisé face au réel. Celle-ci consiste à établir désormais une sorte de filtre interprétatif entre les événements et leur réception par le public, en créant un rapport intimiste avec le téléspectateur et en faisant du studio de télévision un lieu d'échanges, donc de vérité[10]. François de Closets reprendra également dans sa série de reportages sur l'Amoco ce rôle de médiateur entre les tenants de positions diamétralement opposées sur l'affaire.

Quelques années plus tard, en 1982, nous retrouvons lors de la mission Soyouz-Saliout les principes de base de ce positionnement, renforcé par les retransmissions en direct. Celles-ci sont toujours aussi importantes qu'en 1969, mais les reportages concernant les techniques de diffusion disparaissent des journaux télévisés. Le statut du direct au sein de la programmation a changé. En 1969, la télévision se mettait au service de l'événement : elle interrompait ses programmes afin de privilégier le moment de l'expérience. En 1982, la mission spatiale n'est plus qu'une nouvelle parmi toutes les nouvelles du jour : elle participe d'une représentation du monde donnée par l'ensemble du journal. En ce qui concerne l'image, un nouveau dispositif de direct a été introduit, qui a pour effet de modifier la médiation : les deux retransmissions en direct réalisées pendant l'événement se résument cette fois à une conversation entre la salle de contrôle de Moscou et Jean-Loup Chrétien, interviewé dans sa fusée. En 1969, l'émission en direct du centre de contrôle de Houston restituait exclusivement les conversations des scientifiques et des techniciens avec les astronautes, comme si les téléspectateurs et les journalistes assistaient au spectacle depuis les coulisses. La grande nouveauté, en 1982, c'est que ce sont les journalistes scientifiques qui dialoguent avec Jean-Loup Chrétien, depuis la salle de contrôle de Moscou. Assis derrière des pupitres, ils sont mêlés aux scientifiques et aux techniciens. Il s'agit en l'occurrence d'un double direct, le présentateur donnant la parole au journaliste de Moscou, qui la passe ensuite à Jean-Loup Chrétien. D'où il ressort que la télévision effectue un véritable investissement du lieu de l'expérience scientifique, la salle de contrôle de Moscou devenant pour ainsi dire une extension du studio de télévision.

En s'imposant en tant que producteur de la retransmission, la télévision renforce sa légitimité de médiateur. L'intervention du journaliste scientifique, qui agit comme intercesseur entre la réalité de l'expérience et le téléspectateur, confirme la fonction de la télévision non plus comme producteur d'un discours vrai sur la science, mais comme « producteur de vérité[11] ». Cette vérité est celle qui émane d'un échange « vrai », authentique parce que pris sur le vif, entre l'astronaute et le journaliste mais aussi avec le téléspectateur. La conversation qui s'instaure entre les journalistes et Jean-Loup Chrétien n'a rien de scientifique. On aborde sur un ton plutôt badin les actes du quotidien : dormir, manger, travailler… Ce direct, contrairement à celui de 1969, ne sert plus à objectiver une découverte, mais à instituer un lieu de vérité fondé sur une légitimité scientifique acquise lors des retransmissions de 1969 et réaffirmée dans le contexte de l'expérience russe. Dans ces conditions, le contenu de la mission scientifique devient presque un alibi.

Plus tard, à partir des années quatre-vingt-dix, les retransmissions en direct ne sont plus consacrées uniquement aux événements exceptionnels. Elles deviennent tout à fait courantes, grâce à des techniques de transmission de plus en plus performantes, mais aussi parce qu'elles correspondent à un type de relation plus actuel avec les téléspectateurs. Le direct permet la proximité avec la réalité du quotidien. Il s'étend donc tout naturellement au thème de l'environnement, victimes et journalistes venant désormais s'épancher devant la caméra dans un champ-contrechamp avec le téléspectateur. Et si les directs avec l'espace se sont raréfiés, c'est parce que l'intimité y est moins facile à établir.

La légitimité scientifique de l'espace, dans un contexte traité de manière positiviste et crédible, a été utilisée pour instaurer un processus de légitimation des retransmissions en direct. Si, aujourd'hui, le journal télévisé accorde à celles-ci une telle importance, c'est que le direct permet de mettre en relief le paradoxe de l'éloignement : si loin et si proche en même temps ; image vraie car produite en temps réel, elle confère à l'événement un statut de révélation. Le téléspectateur n'a pas le choix : il est forcé de se soumettre à l'évidence. En effet, il est pris dans un processus de persuasion fondé sur l'idée que voir et croire sont indissociables. Le direct permet également de faire communier les téléspectateurs dans un sentiment de rassemblement et de partage égalitaire du temps et du lieu.

Les premiers pas sur la Lune est l'événement qui a consacré l'entrée de la télévision dans l'ère de l'information globale. L'Eurovision existait déjà, mais les sujets traités (le mariage de la reine Elisabeth II ou le Tour de France) n'étaient sans doute pas aussi fédérateurs que ce 20 juillet 1969. La première marche lunaire est emblématique parce que sa portée symbolique l'associe depuis des siècles – étape ou transition – à la découverte d'un nouveau monde. Sa portée scientifique, elle, réside dans la certitude incontestable de l'abolition du « vieux monde » et de l'émergence d'un monde en progrès. Par la suite, les séquences du journal télévisé ayant trait à l'espace induiront l'idée qu'une révolution s'est effectivement produite, mais pas dans le sens d'une possibilité de vie dans le cosmos. C'est un bouleversement d'un autre ordre, car en permettant la communion de tous les hommes devant l'image de l'univers, elle a révélé la capacité de communiquer au sein de « notre » monde. C'est pourquoi, comme nous l'avons constaté, le direct est utilisé après 1969 non pas pour le temps de l'expérience scientifique, mais pour celui de la médiation, autrement dit de la création d'une qualité d'échange susceptible de générer le sentiment d'appartenir à un monde de proximité. En devenant un lieu de parole, *la télévision ne transmet plus une vision du monde, mais une conscience du monde.*

C'est probablement une des raisons pour lesquelles, depuis le milieu des années soixante-dix, les thématiques liées à l'environnement sont de loin les plus présentes dans le journal télévisé. Propices à l'expression de la plainte, à la polémique, elles donnent à la télévision l'occasion de se définir comme un lieu de thérapie : les victimes peuvent venir se livrer, confier leur désarroi, au milieu d'un spectacle de désolation[12]. Mais il serait déplacé d'attribuer aux seules politiques rédactionnelles la responsabilité d'une « conscience du monde ». Certes, la télévision a d'abord transmis à son public, à travers le thème de l'espace, une vision dithyrambique de la science, qu'elle a relayée ensuite, à travers le thème de l'environnement, par une vision négative du monde. Mais la construction de l'information résulte de toute une série d'interactions, qu'en aucun cas les pratiques professionnelles des rédactions ne sauraient assumer dans leur simultanéité. La crise du pétrole des années soixante, le chômage, le sida, sont autant de facteurs qui ont façonné l'opinion publique, indépendamment de la télévision. Et les nouvelles technologies de l'information, l'émergence des chaînes privées, la course à l'audience, sont autant de facteurs qui soumettent les chaînes à des pressions, d'ordre politique ou économique. C'est dans cet environnement systémique que le journal télévisé construit une image sociale de la science où les thèmes de l'espace et de l'environnement sont déclinés différemment, mais sont toujours porteurs de la même question métaphysique du devenir de l'homme.

1. Il faut accorder au mot « science » une acception relativement large, prenant en compte les sciences, les techniques, les nouvelles technologies, les problèmes d'environnement. Dans la rédaction des chaînes de télévision comme TF 1 ou France 2, certaines disciplines scientifiques font l'objet de services et journalistes spécialisés.
2. Marlène Coulomb-Gully, *Les Informations télévisées*, Paris, Presses universitaires de France, (Que sais-je ? n° 2922), 1995.
3. Marlène Coulomb-Gully, *op. cit.*
4. Hervé Brusini et Francis James, *Voir la vérité, le journalisme de télévision*, Paris, Presses universitaires de France, (Recherches politiques), 1982.
5. *Cf.* Pierre Bourdieu.
6. Dominique Wolton, *Penser la communication*, Paris, Flammarion, 1997.
7. Daniel Boy, *Le Progrès en procès*, Paris, Presses de la Renaissance, 1999.
8. Dominique Wolton, *op. cit.*
9. Daniel Dayan et Elihu Katz, *La Télévision cérémonielle*, Paris, Presses universitaires de France, 1996.
10. Eliseo Veron, *Construire l'événement*, Paris, Éditions de Minuit, 1981.
11. À propos des régimes de vérité, voir aussi Francis James et Hervé Brusini, *op. cit.*
12. Régine Chaniac, *La Représentation de l'environnement à la télévision*, Paris, INA études, 1997.

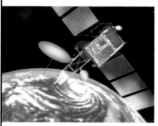  

NEWS SPÉCIAL GOLFE, 1991 ; © LA CINQUIÈME

L'information face au nouveau désordre mondial

JOCELYNE ARQUEMBOURG

Chercheur au Centre national de la recherche scientifique, Laboratoire d'anthropologie
des institutions et organisations sociales

L'émergence de la représentation d'un « nouvel ordre mondial » au moment
de la guerre du Golfe doit être replacée dans le contexte des événements qui
mirent fin à la guerre froide, après la chute du mur de Berlin. Les transformations du rapport Est-Ouest ont modifié toutes les perspectives géostratégiques. L'affaiblissement de l'URSS, les transformations politiques qui ont
affecté les pays satellites ont aussi engendré un remodelage profond
des relations internationales, et il ne fait aucun doute que l'invasion du Koweït
par l'Irak en août 1990 a précipité la définition des doctrines stratégiques
américaines, qui, jusque-là, étaient restées assez floues. La disparition de
« l'ennemi soviétique » autour duquel s'articulait l'équilibre des rapports de
force militaires et politiques a obligé les États-Unis à repenser les fins et les
moyens de leur implication militaire à l'échelle du monde. Ils envisagent alors
des menaces sécuritaires à la fois moins précises et plus dispersées, ce qui
donne lieu à des listes de situations très variées, où les intérêts de la nation
pourraient être malmenés. L'altérité absolue que représentait l'URSS perd
ainsi la netteté de ses contours aisément repérables. Confrontés à l'émergence
d'un désordre mondial aussi imprécis que disséminé, les dirigeants américains envisagent l'édification d'un nouvel ordre mondial. À vrai dire,
l'expression est d'abord empruntée à un discours de Mikhaïl Gorbatchev prononcé aux Nations Unies le 7 décembre 1988, dans lequel il fait allusion à la
nécessité de rechercher un consensus universel dans la perspective de la création d'un « nouvel ordre mondial ». L'expression est ensuite reprise par George
Bush, qui va peu à peu en préciser la teneur « d'un point de vue américain ».
La spécificité de cette conception américaine de la mondialisation consiste à
convoquer un appareillage juridique, voire judiciaire, très lourd en renforçant
le rôle des grandes institutions internationales, non seulement l'ONU mais
aussi l'OTAN, la CEE, le FMI et le GATT. Le nouvel équilibre devra osciller
alors entre la gestion ordinaire régionale et le contrôle extraordinaire des
États-Unis. Le droit devient l'instrument privilégié de ce « nouvel ordre justicier »
où les intérêts politiques se parent de valeurs morales[1]. La diabolisation de Sadam
Hussein, la dénonciation de ses crimes de guerre, et l'absence concomitante
de réflexion sur la nature de l'agression économique koweïtienne à l'encontre
de l'Irak, comme sur le désastre humain engendré par l'embargo, ne prennent
leur sens que dans ce contexte. L'intervention militaire d'une coalition validée

par l'ONU doit ainsi s'appuyer sur un consensus à l'égard de valeurs universelles. C'est sur la base de ces valeurs que peuvent s'engager des médiations juridiques capables de légitimer au niveau international une action militaire juste. « Le droit devient donc l'un des instruments d'intervention du "Nouvel Ordre". Le "cas" Sadam Hussein sert d'emblème à un niveau judiciaire plutôt que juridique, d'institutionnalisation du nouvel ordre international. La définition du chef d'État irakien comme criminel de guerre avait déjà été préconisée par un certain nombre de sénateurs avant la guerre du Golfe, depuis les massacres au gaz de la ville kurde de Halabja [...]. Le nouvel ordre se donnait ainsi comme un ordre des juges plutôt que des politiques ou des militaires[2]. »

L'annexion du Koweït par l'Irak donne lieu à une interprétation de l'événement, qui convoque de multiples références à la Seconde Guerre mondiale : Saddam Hussein, nouvel Hitler, l'occupation nazie en France, la garde républicaine irakienne et les SS, etc. Cette lecture essaime du champ politique, où George Bush insiste à l'envi sur le parallèle entre Saddam Hussein et Hitler, au champ militaire, qui construit ses codes en utilisant le même domaine de référence (le 17 janvier 1991 est baptisé *D-day*, le leurre principal tendu à l'ennemi consiste à laisser croire que la guerre s'achèvera par un « débarquement » de marines américains), pour finalement se diffuser beaucoup plus largement par l'intermédiaire des médias[3]. La guerre du Golfe est ainsi proclamée de manière unilatérale comme une guerre de libération. La référence à la Seconde Guerre mondiale permet alors de définir la nature « morale » du conflit qui fait l'impasse sur les raisons économiques ayant conduit l'Irak à envahir le Koweït. La référence à Hitler sert efficacement de repoussoir absolu au niveau international. En l'absence d'action militaire véritablement efficace, les représailles exercées par l'Irak suscitent la mobilisation d'un arsenal juridique international concernant les prises d'otages ou le placement des prisonniers de guerre sur des sites stratégiques. Le déversement de pétrole dans la mer Noire soulève la réprobation d'une « opinion publique internationale », qui émerge ainsi à l'occasion de la transgression de valeurs consensuelles. Le prisme de lecture, souvent caricatural, de l'événement n'est pas seulement le fait des médias. Il ne devient compréhensible que s'il est replacé dans le cadre des reconfigurations géostratégiques de grande ampleur qui ont suivi la chute du rideau de fer. La guerre du Golfe illustre la transformation des représentations et des doctrines stratégiques américaines par l'appel à la médiation juridique voire judiciaire des instances internationales.

Dans les mailles du filet

Parallèlement à l'émergence d'un « nouvel ordre mondial », la mondialisation de l'information se développe au cours des années quatre-vingt grâce aux nouvelles technologies de communication. La chaîne CNN peut ainsi diffuser des nouvelles en direct et en continu, et prendre de vitesse les réseaux conventionnels de collecte de l'information. Plus rapide que les agences de presse, elle s'impose au niveau international, en particulier auprès des élites politiques. Disposant d'un effectif relativement restreint de correspondants à demeure, la chaîne peut, en revanche, dépêcher un grand nombre d'envoyés spéciaux équipés de liaisons satellites, à tout moment dans n'importe quel point du globe (90 dans le Golfe, en incluant les techniciens). On ne peut s'empêcher d'établir un parallèle entre ce mode de fonctionnement journalistique et ce qui préside alors aux remaniements des effectifs et à la redéfinition des objectifs militaires. Le monde ne présentant plus la même stabilité des rapports de force, les crises, les menaces, les événements peuvent surgir de manière beaucoup plus imprévisible dans le temps et dans l'espace, de sorte que le maintien d'effectifs lourds dans des zones réputées à risque devient beaucoup moins évident. L'anticipation des événements ne peut plus être conçue sur le long terme à partir d'une connaissance claire de relations géostratégiques figées. La riposte à cette événementialité plus difficile à cerner et à prévoir consiste dans la capacité à déployer rapidement des effectifs mobiles munis d'équipements technologiques de pointe. Le rapport annuel du Joint Chief of Staff[4] de janvier 1990 précise que les forces américaines devront être « mobiles, flexibles, *sustainable*, technologiquement avancées et capables de riposter rapidement et d'une manière discriminante pour protéger et défendre un large éventail d'intérêts américains sur tout un spectre de types de conjonctures d'alerte ». Ce schéma, qui en dit long sur la part d'incertitude introduite par la fin de la guerre froide, caractérise aussi bien les mutations de l'armée que celles de la presse américaine.

La métaphore de la « capture de l'événement » se développe alors largement dans les médias. L'information en direct privilégie le rôle du terrain sur celui du studio mais la disposition de ses points d'ancrage est loin d'être anodine. Les liaisons en direct fixes, qui ne varieront pas pendant la durée du conflit et qui sont sollicitées systématiquement toutes les demi-heures, concernent Bagdad, Dharan, Riyad, Amman, Jérusalem et/ou Tel Aviv. Cette répartition est subordonnée à la fois aux contraintes imposées aux journalistes par l'armée américaine (Dharan et Riyad), à la ferme volonté de « couvrir Bagdad », mais aussi à l'anticipation d'événements à venir, comme l'envoi de Scuds par l'Irak en direction d'Israël, ce qui pourrait aussi susciter une riposte de sa part, ou l'éventuel retrait jordanien de la coalition. D'autres lieux ne sont pas sollicités systématiquement mais de manière ponctuelle selon les circonstances : c'est le cas de Paris, d'où CNN ne diffuse que les allocutions de François Mitterrand, et de Moscou, qui n'est relié par les correspondants locaux de la chaîne qu'au moment de la proposition d'un plan de paix par Mikhaïl Gorbatchev. Alger, où se déroulent d'importantes manifestations pacifistes, et Téhéran, en dépit de son active participation aux négociations de paix soviéto-irakiennes, ne sont jamais reliés en direct mais en différé. La configuration du réseau détermine implicitement l'attribution de rôles dans l'action qui doit se jouer. Le choix des points d'ancrage préconstruit d'une certaine manière le récit qui va en être fait. Il exclut ou limite la participation de certains acteurs (Moscou, Téhéran), anticipe les réactions potentielles de certains autres (Jérusalem, Amman) et relie ceux qui sont reconnus comme les protagonistes à part entière de l'intrigue. Loin de correspondre à une capture de l'événement « tous azimuts », l'information en direct et en continu hiérarchise des priorités qui, en l'occurrence, coïncidaient avec la conception politique américaine du conflit. Le réseau n'est pas qu'un lieu d'échanges, c'est aussi un cadre. CNN affirme alors son indépendance autrement, maintenant des journalistes à Bagdad jusqu'à la fin de la guerre, en dépit de la réprobation du Pentagone. Mais s'agit-il d'un véritable travail de terrain ? L'impossibilité de conduire d'authentiques investigations sur place, les images de bombardements qui réduisent la ville au niveau d'une cible abstraite, les visites d'hôpitaux estampillées par la censure irakienne, plus fréquemment l'absence d'images et les commentaires d'un reporter enfermé dans sa chambre d'hôtel, manifestent à l'évidence l'ambiguïté d'une telle posture et soulèvent la question du « point de vue » : l'information globale en direct est-elle compatible avec la guerre ?

Deux points de vue antagonistes s'énoncent sur la chaîne américaine : celui des dirigeants américains et celui du camp ennemi dont l'attitude ne cesse de fluctuer au gré des circonstances. Tantôt Saddam Hussein interdit aux journalistes étrangers de filmer des images qui pourraient démoraliser l'opinion publique irakienne, tantôt il les sollicite pour exhiber les victimes de la guerre chirurgicale et mettre en pièces le mirage d'une guerre propre. À d'autres moments, il est indéniable qu'il « utilise » indirectement CNN pour s'adresser aux coalisés ou à d'autres pays comme ceux du Maghreb. En exhibant à l'écran des prisonniers de guerre, en surgissant dans les rues de Bagdad pour rassurer l'opinion irakienne après avoir disparu pendant plusieurs jours, le chef de l'état irakien se sert des médias comme d'un théâtre des opérations à part entière. Le jeu est alors serré pour CNN, confrontée à la difficulté de montrer des images sans pour autant les valider. Le visa de la censure irakienne aura ainsi pour effet de totalement discréditer les séquences concernant des blessés comme s'il s'agissait d'une imposture. D'un autre côté, les conflits entre Peter Arnett, l'envoyé de CNN à Bagdad et le Pentagone, ne sont pas rares, comme lors des bombardements de l'usine d'Al Dour (fabrique d'armes chimiques selon le Pentagone ou de lait pour enfants selon le reporter). Dans ce cas précis, la distance a été maintenue par le biais d'un déplacement énonciatif. Peter Arnett s'exprime en son nom propre comme témoin et non pas au nom de la chaîne comme journaliste. Cette position complexe correspond à l'ambition affichée par la chaîne de permettre à tous les points de vue de s'exprimer et de couvrir la guerre des deux côtés des lignes de combat. On peut se demander pourquoi à l'étranger, cette complexité a finalement toujours été réduite au seul point de vue des dirigeants américains. Ce qui pose en réalité une question de fond : sous quelles conditions peut-on raconter la guerre selon plusieurs points de vue ?

Une perspective globale sur la guerre

L'Iliade d'Homère fournit peut-être l'exemple le plus accompli de cet exercice délicat. Le récit oppose deux héros d'égale valeur, Achille et Hector, et ne penche pas plus en faveur de l'un que de l'autre, de même qu'il ne vante pas la gloire et les mérites de l'un au détriment de l'autre. La cause des Grecs n'y paraît pas plus juste que celle des Troyens. Le récit se tient en équilibre entre les partis depuis un point de vue rétrospectif qui commémore la guerre lorsqu'elle est accomplie. Comment imaginer une telle impartialité alors que les événements ne sont pas achevés ? Sauf à rêver l'utopie d'une totale indépendance des médias vis-à-vis du pouvoir comme de l'engagement national, ce qui, dans le deuxième cas, peut sembler paradoxal d'un point de vue démocratique. Mais il y a plus. L'impartialité du discours homérique, qui consiste à considérer une chose sous ses divers aspects, est au fondement de la *polis* grecque et de la rhétorique politique. C'est dans l'échange d'une multiplicité de points de vue entre pairs que s'édifie l'*agora* grecque. De la même manière, les guerres entreprises par les Romains s'achèvent par des pactes ou des alliances, c'est-à-dire par de nouvelles réglementations qui créent ainsi un nouveau monde commun entre les belligérants. Comme le rappelle Hannah Arendt, il y a une dimension spatiale de la loi qui consiste à créer un lien durable entre les hommes[5]. La loi n'est pas la fusion, elle n'accomplit pas non plus l'union des contractants par suppression de leurs différences. C'est dans cet espace intermédiaire que se loge la *res publica*. « La loi est donc ici quelque chose qui crée de nouvelles relations entre les hommes et qui les relie non pas au sens d'un droit naturel, où tous les hommes reconnaissent naturellement le bien et le mal par la voix de la conscience de la nature, ni au sens de commandement imposé de l'extérieur à tous les hommes de manière égale, mais au sens d'un accord entre les contractants[6]. » Cependant, l'expansion du monde

romain qui semblait ne plus avoir de limite fut aussi à l'origine de son effondrement. Le développement tentaculaire et englobant des alliances fondées
sur la reconnaissance des vaincus finit par aboutir à la négation de toute
altérité. L'historiographie romaine reste romaine et ne reconnaît rien de
comparable à la grandeur romaine.

L'exemple gréco-romain est emblématique des conditions qui président à
l'existence d'un récit de guerre sous divers points de vue. La condition essentielle
est celle de la reconnaissance d'une altérité. La posture de CNN pendant la
guerre du Golfe est ambiguë à plus d'un titre, mais surtout parce que son rôle
hégémonique ne laissait pas de place à l'émergence d'un autre point de vue
à l'extérieur de son champ d'action. Et de même que dans les récits de Tacite
les vaincus interpellent les Romains pour dénoncer la domination qu'ils exer-
cent, de même la chaîne américaine pouvait-elle laisser s'exprimer des
critiques de la guerre de manière interne. Vus de l'extérieur, les vaincus s'y
tenaient à leur place.

L'histoire en temps réel

Le réseau des liaisons par satellite fait émerger une événementialité
politique d'un type nouveau. Corollaire de la moralisation de la politique
internationale, l'action politique est mise sur le compte de personnes dotées
de motifs et de buts. Cette personnalisation grandissante de l'action et du
pouvoir se prête facilement au jeu des évaluations morales qui permettent
de créditer ou discréditer tel ou tel chef d'État indépendamment des structures et des rouages politiques sur lesquels il s'appuie. Les points d'ancrage
de CNN ne relient pas des nations mais des pôles de décisions et mettent en
œuvre un réseau d'interactions au plan international. La chaîne proclame
haut et fort que toutes les élites mondiales s'observent par son entremise,
ce qui lui permettrait de produire une forme de « diplomatie en direct ». En
réalité, il s'agit plutôt d'une construction narrative qui privilégie les effets
réactionnels. À coup de petites phrases, de sorties improvisées ou d'absences
prolongées, de menaces ou de provocations, de propositions généreuses et
de refus entêtés, le récit nous plonge au cœur d'une situation dont l'évolution
semble reposer sur les réactions en temps réel des différents
protagonistes. Le réseau y fait figure de système nerveux des tensions internationales. Ces réactions ne sont pas renvoyées à leur contexte local mais
aux règles du jeu définies au niveau international. Dans une de ses bandes
annonces, CNN représente la guerre du Golfe sous la forme d'une partie
d'échecs. L'histoire en direct consiste alors à se glisser dans le temps des
histoires en cours, celui des situations et des actions, qui n'a rien à voir
avec le temps rétrospectif des événements[7]. Ce temps-là n'est ni historique

ni événementiel. Il coïncide avec la durée d'une action en cours comme avec l'écoulement du temps, sans cette distance rétrospective qui permet de mettre à jour le sens et la portée des événements. Le présent du direct n'est pourtant pas un présent pur. Il tresse des retours en arrière, des références au passé (la Seconde Guerre mondiale, la guerre du Vietnam) et une anticipation permanente de ce qui doit arriver et des conséquences de la situation. Il convoque des temporalités disjointes qui doivent permettre à la fois de comprendre ce qui se passe et de conjurer l'imprévisible. Mais il ne peut prétendre qu'à une historicité projetée, ce qui est fondamentalement contradictoire. Historicité préconstruite par les acteurs, celle du sens attribué par avance à la guerre et qui sert de référence aux médiations juridico-politiques, ou historicité anticipée par les médias, celle des plans fixes que la presse écrite, les magazines et, déjà, les manuels d'histoire vont prélever sur les séquences télévisées. De plus, le récit d'un événement relie indissociablement un agir et un pâtir qui deviennent rétrospectivement les deux facettes de cet événement. La couverture de la guerre en direct, parce qu'elle relève d'un point de vue unique, ne peut pas rendre compte de la guerre en tant qu'événement.

La capture de l'événement par les réseaux d'information en direct et en continu est donc à prendre au pied de la lettre. L'événement, dans la soudaineté de ses possibles ouverts, s'y trouve piégé, forcé d'intégrer la place que des constructions de sens préalables lui ont assignée. Le processus de narration historique traditionnel distinguait trois temps comme une scansion indispensable à l'interprétation des événements[8]. D'abord, quelque chose arrive, mais on ne sait pas ce que c'est ni comment lui faire face, puis vient la mise en récit, où le désordre engendré par l'événement est mis en ordre, s'organise dans une histoire qui configure des motifs, des buts, des actions, etc. Enfin, arrive le temps du couronnement de l'événement, qui n'apparaît que bien plus tard, lorsque ses conséquences et sa portée se sont enfin « dégagées ». L'histoire en temps réel court-circuite ce processus et amalgame ces trois temps successifs dans le temps présent d'une situation (qui n'est pas, ou très rarement, un « instant » présent comme on l'a trop souvent dit, mais une « durée » présente). Nulle place n'est faite à la demande de sens que suscite normalement le surgissement d'une occurrence, ni au désordre par lequel des situations imprévues trouvent une origine qui ne sera comprise que plus tard. Les efforts d'anticipation du réseau s'ingénient à envisager par avance toutes les conséquences du moindre mouvement comme dans un jeu de stratégie. L'information en direct et en continu est probablement la forme d'exorcisme des événements la plus sophistiquée qui se puisse trouver.

Le direct à la française

Pendant la guerre du Golfe, les chaînes françaises ont été confrontées à la fois au monopole exercé par CNN et au modèle d'information très performant sur le plan technologique que la chaîne mettait en place. Pour autant, il serait naïf de penser qu'elles découvraient l'information en direct même si ce type de pratique n'avait jamais eu lieu en temps de guerre. Dans les années cinquante, le direct à la télévision française est conçu comme un instrument d'investigation qui privilégie la découverte de lieux réputés d'un accès difficile au public. Ce type d'approche journalistique s'inscrit dans le cadre d'une « télévision d'enquête » qui observe le déroulement d'un événement dans son lieu d'émergence et cherche dans l'exploration de tels lieux quelques-uns de ses principes explicatifs[9]. Les décennies suivantes privilégieront l'examen des structures et feront du studio et du différé les outils d'une information qui prend ses distances avec l'événementialité « à chaud ». Au moment où éclate la guerre du Golfe, l'information française reste fortement tributaire de cette conception des choses. La prééminence du studio sur le terrain est prégnante comme l'attestent les très importants plateaux télévisés spécialement conçus pour la circonstance. Le rôle du présentateur reste tributaire de l'image du « pédagogue des masses » qui préside aux origines de la télévision républicaine. Sa forte implication discursive, son souci de produire des explications et de se situer à l'interface entre le public et les acteurs, sont autant d'indices que ce rôle constitue une référence fondamentale en dépit des dérapages ou des excès dus à la fascination pour un modèle de télévision plus spectaculaire ou plus commercial. La médiation exercée par les chaînes françaises se veut délibérément tangible, omniprésente, par souci de « mettre l'événement à la portée du public ».

La démarche de CNN est aux antipodes d'un tel souci. À l'encontre du modèle français, la chaîne veut instaurer une relation transparente entre l'événement et le public. Elle réduit l'espace visuel du studio qui ne joue plus qu'un rôle d'aiguillage des relations avec le terrain. Le présentateur semble s'effacer derrière les interventions des envoyés spéciaux et les commentaires journalistiques s'estompent au profit du montage des citations des acteurs. La chaîne produit un réel qui semble aller de soi, plus immédiat, débarrassé des filtres intermédiaires que créent les différentes médiations journalistiques traditionnelles, depuis la mise en mots des événements par les agences de presse jusqu'aux explications du présentateur. L'information sur CNN peut être confondue avec les faits bruts. Et pourtant une observation un peu scrupuleuse des documents montre que ce qui n'est pas le fait d'une médiation humaine est en réalité pris en charge par une médiation technologique. La sélection et l'articulation des petites phrases retenues pour les montages de citations des acteurs produisent, par exemple, des effets de sens qui ne sont jamais absents des effets de réel[10].

Toutefois il était impossible de retrouver dans les pratiques du direct sur CNN ce qui avait fait les beaux jours du direct à la télévision française pendant les années cinquante et soixante. L'écoulement de l'information en continu, l'éclatement du terrain fragmenté en multiples points d'ancrage, fabriquent un rapport différent au temps et à l'espace de l'événementialité. Les chaînes françaises se trouvaient donc à la fois dans l'incapacité de reproduire un modèle ancien qui n'avait plus cours et de mettre en œuvre le nouveau modèle qui s'imposait. Cette seconde incapacité était autant la conséquence d'un manque de moyens que d'un phénomène « culturel » plus profond, lié à la nature différente de la médiation exercée par les télévisions françaises et américaines. Il en a résulté des compromis bâtards assez insatisfaisants. Sans produire une véritable information en continu, structurée par séquences d'une demi-heure au cours desquelles s'effectue systématiquement la rotation des points d'ancrage du réseau, les chaînes françaises étirent le volume de l'information, en particulier le 17 janvier et le jour de l'attaque terrestre. Il s'agit plutôt d'une sorte de déprogrammation, où le flux des nouvelles s'écoule sans structure préalable tout en conservant les grands rendez-vous quotidiens que sont les journaux télévisés. Le récit de l'événement reste linéaire et ne permet pas le jeu des échanges de réactions au niveau international. Dans certains cas, le classement territorial des nouvelles est conservé (le terrain, la France, l'étranger), ce qui est totalement incompatible avec la construction d'une événementialité en réseau, nécessairement déterritorialisée. Les liaisons avec le terrain sont souvent improductives en raison du verrouillage de l'information et du monopole de fait exercé par CNN. La chaîne américaine occupe alors à la télévision française une posture hybride comme source d'information à l'état brut et comme source de documents. Ses productions donnent l'impression d'avoir été prélevées sur le réel sans traitement préalable.

Du cubisme et de l'information…

En retour, ces dysfonctionnements mettent en évidence la cohérence interne de chacun des deux systèmes d'information… et leur incompatibilité. Chacun hérite d'un passé spécifique et assigne à l'information une fonction sociale différente. La question que pose la mondialisation de l'information est alors celle de la rencontre, voire de la confrontation de ces systèmes. Le problème se pose à deux niveaux. Celui du rôle hégémonique assuré par le modèle le plus puissant qui, à la fois, détient le monopole des sources et crée une relation de subordination englobante avec les autres médias ; celui de la diversité des conceptions de l'information et des rôles qui lui sont assignés. La guerre du Golfe a créé une situation où ce problème s'est posé d'une manière particulièrement aiguë dans la mesure où la position de CNN coïncidait sur le plan médiatique avec celle de l'armée américaine sur le plan géostratégique.

En temps de paix, la question ne disparaît pas pour autant, même si elle perd de son acuité. Les observations qui précèdent montrent que les pratiques médiatiques ne sont pas indissociables du contexte géopolitique dans lequel elles s'inscrivent. La réponse n'appartient donc pas aux seuls médias. Peut-être faut-il voir dans l'émergence de l'Europe l'occasion d'une réflexion indispensable, à la fois profonde et plurielle, sur l'information, qui permettrait à un point de vue européen de s'affirmer à l'échelle du monde. Car il est une question inhérente à l'art comme à la politique et qui se pose désormais à l'information, la question du point de vue. Au cours du XXe siècle, les recherches du cubisme en peinture, ou celles sur la polyphonie – que ce soit en littérature ou en musique – ont poussé très loin leurs investigations dans ce domaine. Mais la diversité des points de vue que ces œuvres convoquent reste intégrée aux limites d'une seule œuvre, ou d'une même toile. Les portraits cubistes de Picasso, aussi déstructurants soient-ils pour la perspective classique, ne vont pas au-delà d'une superposition des regards d'un même homme sur l'objet qu'il peint. En ce sens, CNN est beaucoup plus polyphonique ou cubiste, comme on voudra, que telle ou telle chaîne française. Mais c'est hors champ que le problème se pose. Et il ne se pose pas que dans des termes esthétiques, si tant est que, comme le souligne avec insistance Hannah Arendt, la pluralité des points de vue constitue aussi l'essence même du politique. « S'il est vrai qu'une chose n'est réellement dans le monde historico-politique tout comme dans le monde sensible que lorsqu'elle se montre et est perçue sous tous ses aspects, alors il faut toujours une pluralité d'hommes, ou de peuples ou de positions, pour que la réalité soit possible et pour lui garantir la continuité. En d'autres termes, le monde ne surgit que parce qu'il y a des perspectives, et il existe uniquement en fonction de telle ou telle perception de l'agencement des choses du monde[11]. »

1. Alain Joxe, *L'Amérique mercenaire*, Paris, Stock, 1992.
2. Alain Joxe, *op. cit.*, p. 367.
3. Roger Cohen, Claudio Gatti, *In The Eye of The Storm*, Londres, Bloomsbury, 1991.
4. Chef d'état-major des armées américaines.
5. Hannah Arendt, *Qu'est-ce que la politique?*, Paris, Le Seuil, 1993.
6. Hannah Arendt, *op. cit.*, chap. II : « La question de la guerre », p. 116.
7. Hannah Arendt, *op. cit.*, voir aussi : Paul Ricœur, « Événement et sens » in *Raisons pratiques/2*, dir. J.-L. Petit, Paris, EHESS, 1991.
8. Paul Ricœur, *op. cit.*
9. Hervé Brusini, Francis James, *Voir la vérité*, Paris, PUF, 1982.
10. Jocelyne Arquembourg, « Les Mutations des systèmes de médiation, la guerre du Golfe sur CNN, A 2 et la Cinq » in « Information et Démocratie », dir. Jean Mouchon et Françoise Massit-Folléa, *Feuillets*, Fontenay-aux-Roses, ENS éd., 1997.
11. Hannah Arendt, *op. cit.*, p. 112.

BIBLIOGRAPHIE

La présente bibliographie propose une sélection d'ouvrages récents, facilement accessibles et de propos général. Elle ne peut être exhaustive en aucun cas, tant le nombre de publications relatives aux médias s'est accru au cours des quinze dernières années.

Dans leur immense majorité, les ouvrages mentionnés ci-dessous comportent eux-mêmes des indications bibliographiques, qui offriront au lecteur désireux d'approfondir ses connaissances de nouvelles pistes de recherche.

I Généralités

-AKOUN, André: *Sociologie des communications de masse*, Paris, Hachette (Les Fondamentaux n° 94), 1997.

-BALLE, Francis: *Médias et sociétés, de Gutenberg à Internet: presse, édition, cinéma, radio, télévision, télécommunications, Cd-Roms, Internet, réseaux multimédias*, 8ᵉ éd. refondue et mise à jour, Paris, Montchrestien (Domat droit public), 1997.

-BARBIER, Frédéric et BERTHO-LAVENIR, Catherine: *Histoire des médias, de Diderot à Internet*, Paris, Armand Colin, 1996.

-BOUGNOUX, Daniel: *La Communication par la bande: introduction aux sciences de l'information et de la communication*, Paris, La Découverte (Textes à l'appui, Série Sociologie), 1992.

-CAYROL, Roland: *Les Médias, presse écrite, radio, télévision*, Paris, Presses universitaires de France (Thémis, Science politique), 1991.

-CAZENAVE, Élisabeth et ULMANN-MAURIAT, Caroline: *Presse, radio et télévision en France de 1631 à nos jours*, Paris, Hachette (Carré histoire n° 27), 1995.

II Pratiques médiatiques

-BERTRAND, Claude-Jean: *La Déontologie des médias*, Paris, Presses universitaires de France (Que-sais-je? n° 3255), 1997.

-BOUGNOUX, Daniel: *La Communication contre l'information*, Paris, Hachette (Questions de société, Savoirs, enjeux, débats), 1995.

-BOURDIEU, Pierre: *Sur la télévision, suivi de l'emprise du journalisme*, Paris, Raison d'agir, 1996.

-Centre de Formation et de Perfectionnement des Journalistes: *Les Droits et devoirs des journalistes, textes officiels*, 2e éd. actualisée et complétée, Paris, Presse et formation/Éd. du CFPJ (Les Guides du CFPJ n° 30), 1995.

-CHALIAND, Gérard [dir.]: *La Persuasion de masse, guerre psychologique, guerre médiatique*, Paris, R. Laffont, 1992.

-CHARAUDEAU, Patrick: *Le Discours d'information médiatique: la construction du miroir social*, Paris, Nathan — Bry-sur-Marne, INA (Médias-recherches), 1997.

-CORNU, Daniel: *Éthique de l'information*, Paris, Presses universitaires de France (Que-sais-je? n° 3252), 1997.

-DAYAN, Daniel et KATZ, Elihu: *La Télévision cérémonielle, anthropologie et histoire en direct*, Paris, Presses universitaires de France (La Politique éclatée), 1996.

-DERVILLE, Grégory: *Le Pouvoir des médias, mythes et réalités*, Grenoble, Presses universitaires de Grenoble (Le Politique en plus n° 21), 1997.

-DUCCINI, Hélène et VANOYE, Francis: *La Télévision et ses mises en scène*, Paris, Nathan («128» n° 193), 1998.

-HALIMI, Serge: *Les Nouveaux Chiens de garde*, Paris, Raison d'agir, 1997.

-*Image et violence, Actes du colloque l'image et la violence* (13es Rencontres internationales de l'audiovisuel scientifique Image et Science, Paris, 1996), Paris, Bibliothèque publique d'information (BPI en actes), 1997.

-LITS, Marc: *Récit, médias et société*, Louvain-la-Neuve, Bruylant-Academia (Pédasup n° 30), 1996.

-MARTIN, Marc: *Médias et journalistes de la République*, Paris, O. Jacob (Histoire, hommes, entreprises), 1997.

-MATHIEN, Michel: *Les Journalistes et le système médiatique*, Paris, Hachette (Langue, linguistique, communication), 1992.

-MONGIN, Olivier: *La Violence des images, ou comment s'en débarrasser?*, Paris, Le Seuil (La Couleur des idées), 1997.

-PÉAN, Pierre et NICK, Christophe: *TF1, un pouvoir*, Paris, Fayard, 1997.

-PIGEAT, Henri: *Médias et déontologie, règles du jeu ou jeu sans règles*, Paris, Presses universitaires de France (Politique d'aujourd'hui), 1997.

-SOULAGES, Jean-Claude: *Les Mises en scène visuelles de l'information, étude comparée, France, Espagne, États-Unis*, Paris, Nathan (Médias-recherches), 1999.

-VIALLON, Philippe: *L'Analyse du discours de la télévision*, Paris, Presses universitaires de France (Que-sais-je? n° 3111), 1996.

III Médias et publics

-AKOUN, André: *La Communication démocratique et son destin*, Paris, Presses universitaires de France (Sociologie d'aujourd'hui), 1994.

-BAYLE, François, BOURG, Dominique, DEBRAY, Régis [*et al.*]: *L'Empire des techniques*, Paris, Le Seuil (Points, Sciences n° 103), 1994.

-BERA, Michel et MECHOULAN, Éric: *La Machine Internet*, Paris, O. Jacob, 1999.

-BOLTANSKI, Luc: *La Souffrance à distance, morale humanitaire, médias et politique*, Paris, Métailié (Leçons de choses), 1993.

-BOURDON, Jérôme: *Haute fidélité, pouvoir et télévision, 1935-1994*, Paris, Le Seuil (L'Épreuve des faits), 1994.

-BOURGEOIS, Henri: *La Télévision nous fait-elle la morale?*, Paris, Le Centurion (Fréquences), 1993.

-BRUNE, François: « *Les médias pensent comme moi!* », *fragments du discours anonyme*, Paris, L'Harmattan (L'Homme et la société), 1993.

-BUXTON, David, ESQUENAZI, Jean-Pierre, LAMBERT, Frédéric [*et al.*]: *Télévisions, la vérité à construire*, Paris, L'Harmattan (Champs visuels), 1995.

-CAYROL, Roland: *Médias et démocratie, la dérive*, Paris, Presses de Sciences-Po (La Bibliothèque du citoyen), 1997.

-CAZENEUVE, Jean: *La Télévision en sept procès*, Paris, Buchet-Chastel, 1992.

-CHARON, Jean-Marie [dir.]: *L'État des médias*, Paris, La Découverte — CFPJ éd., 1991.

-DE KERCKHOVE, Derrick: *Les Nerfs de la culture, être humain à l'heure des machines à penser*, Sainte-Foy (QC), Presses de l'Université Laval, 1998.

-DEBRAY, Régis: *L'État séducteur: les révolutions médiologiques du pouvoir*, Paris, Gallimard, 1993.

-ESQUENAZI, Jean-Pierre: *Télévision et démocratie, le politique à la télévision française 1958-1990*, Paris, Presses universitaires de France (La Politique éclatée), 1999.

-FLORIDI, Luciano: *Internet*, Paris, Flammarion (Dominos n° 177), 1998.

-GHIGLIONE, Rodolphe et BROMBERG, Marcel: *Discours politique et télévision: la vérité de l'heure*, Paris, Presses universitaires de France (Psychologie sociale), 1998.

-JEANNENEY, Jean-Noël [dir.]: *L'Écho du siècle, dictionnaire historique de la radio et de la télévision en France*, Paris, Hachette littératures – Issy-les-Moulineaux, Arte éd., 1999.

-LECOMTE, Patrick: *Communication, télévision et démocratie*, Lyon, Presses universitaires de Lyon (Passerelles), 1993.

-LÉVY, Pierre: *L'Intelligence collective: pour une anthropologie du cyberespace*. Paris, La Découverte (La Découverte poche. Essais n° 27), 1997.

-MATTELART, Armand et Michèle: *Penser les médias*. Paris, La Découverte (Textes à l'appui), 1991.

-MICHEL, Jean-Luc: *La Distanciation, essai sur la société médiatique*, Paris, L'Harmattan, 1992.

-*Multimédias et réseaux, vivre, échanger, apprendre, entreprendre* (actes des 9es entretiens de la Villette, Paris, 1998), Paris, CNDP (Documents, actes et rapports pour l'éducation), 1998.

-PRONOVOST, Gilles: *Médias et pratiques culturelles*, Grenoble, Presses universitaires de Grenoble (La Communication en plus n° 3), 1996.

-PROULX, Serge [dir.]; *Accusé de réception, le téléspectateur construit par les sciences sociales*, Paris, L'Harmattan — Sainte-Foy (QC), Presses de l'Université Laval (Champs visuels), 1998.

-RODOTÀ, Stefano: *La Démocratie électronique, de nouveaux concepts et expériences politiques*, Rennes, Apogée (Médias et nouvelles technologies), 1999.

-SAILLANT, Jean-Michel: *La Dimension médiatique, comment analyser les médias?*, Paris, Ellipses, 1996.

-SCHEER, Léo: *L'Hypothèse de la singularité*, Paris, Sens et Tonka (L'ombre du zèbre n'a pas de rayures n° 3), 1998.

-SCHNEIDERMANN, Daniel: *Du journalisme après Bourdieu*, Paris, Fayard, 1999.

-SEMPRINI, Andréa: *Analyser la communication: comment analyser les images, les médias, la publicité*, Paris, L'Harmattan (Champs visuels), 1996.

-VETTRAINO-SOULARD, Marie-Claude: *Les Enjeux culturels d'Internet*, Paris, Hachette (Communication), 1998.

-VILCHES, Lorenzo: *La Télévision dans la vie quotidienne, état des savoirs*, Rennes, Apogée (Médias et nouvelles technologies), 1995.

-VIRIEU, François-Henri de: *La Médiacratie*, Paris, Flammarion, 1990.

-VITALIS, André [dir.]: *Médias et nouvelles technologies: pour une socio-politique des usages*, Rennes, Apogée (Médias et nouvelles technologies), 1994.

-WADE, Philip et FALCAND, Didier: *Cyberplanète, notre vie en temps virtuel*, Paris, Autrement (Autrement, Série mutations n° 176), 1998.

-WOLTON, Dominique: *Penser la communication*, Paris, Flammarion (Champs n° 413), 1998.

-WOODROW, Alain: *Les Médias, quatrième pouvoir ou cinquième colonne?*, Paris, Éd. du Félin, 1996.

Bibliographie dressée par Mathilde Panet

© Centre Pompidou, Paris, 2000

ISBN 2 84426-064-0
n° éditeur 1140

dépôt légal octobre 2000
pour la présente édition

photogravure
Bussière, Paris

impression et façonnage
Frazier Imprimeur, Paris

achevé d'imprimer
le 29 septembre 2000
sur les presses de
Frazier Imprimeur, Paris